Der

HAUSFRIEDEN.

Ein

Beitrag zur deutschen Rechtsgeschichte.

Von

Eduard Osenbrüggen.

Erlangen,
Verlag von Ferdinand Enke.
1857.

Schnellpressendruck von C. H. Kunstmann in Erlangen.

VORWORT.

Wer gegenwärtig einen Beitrag zur deutschen Rechtsgeschichte liefert, muss auf die Frage gefasst sein, warum er nicht für seinen Gegenstand auf das grössere Gebiet des germanischen Rechts zurückgegangen sei und diese Frage liegt für mein Thema sehr nahe, da, wie jeder weiss, der Hausfrieden mit seinen Verzweigungen im deutschen Mittelalter seine Wurzeln in dem Boden des gesammten germanischen Rechtslebens hat. Ich darf mich daher der Beantwortung dieser Frage nicht entziehen.

Wilda hat in seinem „Strafrecht der Germanen" das Thema, so weit es dem Strafrecht anheimfällt, mit dem warmen Interesse behandelt, das seine Darstellungen so anziehend macht, und hat ihn auch die Liebe zu dem grossen und schönen Werke, das er aus der Fülle eines reichen, vielfach poetisch gestalteten Materials zu formen unternahm, bisweilen auf Kosten des Juristischen in die Romantik hinübergeführt, so bleibt doch seine Geschichte des germanischen Strafrechts eine bedeutende Schöpfung. Mag er ferner auch für seine Forschungen den Nachdruck zu sehr auf die scandinavischen Rechtsquellen gelegt haben, als ob nur dort im Norden das Germanenthum zu finden sei, so ist es doch vornemlich sein Verdienst, den Spuren des Altmeisters germanischer Alterthumskunde folgend, für das Strafrecht die Ergiebigkeit der scandinavischen Rechtsquellen recht anschaulich gemacht zu haben. Aber grade die Ueberzeugung von der Wichtigkeit dieser Gruppe germanischer Rechtsdenkmäler musste mich abhalten von der Unternehmung mein Thema nach den germanischen Rechten zu bearbeiten. Ich hätte nicht bloss die friesischen, flandrischen und andre Rechtsquellen germanischer Vorzeit durchforschen müssen, sondern vornemlich die scandinavischen; dazu ist aber mein gegenwärtiger Wohnort sehr ungünstig gelegen und sind die mir zu Gebot stehenden literärischen Hülfsmittel unzureichend. Deshalb musste ich mir eine Beschränkung auflegen und fixirte mein Thema dahin, den Hausfrieden nach seiner Bedeutung und Wirkung aus den Quellen des deutschen Mittelalters vom XII. bis zum XVI. Jahrhundert zu schildern. Diese Beschränkung führte auch einen Vortheil mit sich, dass nemlich nicht eine unermessliche Fülle des Materials überwältigend wirkte und dass leichter die immerhin bei Darstellungen aus den germanischen Rechten nahe liegende Gefahr des Applanirens vermieden werden konnte. Auch bei dieser Beschränkung hatte ich noch eine grosse Masse von Quellen zu bewältigen, und, wie mir jene Gefahr immer vorschwebte, so habe ich lieber das Verschiedene als solches hingestellt und nicht geglättet, wo widerstrebende Kanten und Spitzen sich zeigten. Die Grundgedanken und die Regel erleiden ja keine Einbusse, wenn der Rechtshistoriker auch die im bewegten vielgestaltigen Rechtsleben sich herausstellenden Differenzen und Ausnahmen, die ungleichmässige Entfaltung der Rechtsidee, hervorhebt.

Der von mir ins Auge gefasste Zeitraum begreift die Jahrhunderte des deutschen Mittelalters, welche der Entstehung der Bambergensis und der Bildung eines gemeinen deutschen Strafrechts unmittelbar vorangingen und wenn ich auch hie und da Rechtsbücher eines späteren Datum benutzte, so geschah diess aus dem einfachen Grunde, dass man eine rechtsgeschichtliche Periode nicht mit dem Richtmaass abgrenzen kann und dass ja das Datum des Aufschreibens der Rechtsdenkmäler nicht immer entscheidend ist für das Alter ihres Inhalts. Die auf S. 19 behandelte Bestimmung der basler Landesordnung ist so wenig im XVII. Jahrhundert entstanden, dass man fragen darf, warum sie noch in dieser Zeit als gültig aufgezeichnet wurde.

Die genannten Jahrhunderte sind die Zeit des Aufblühens der deutschen Städte, welches auf den gesammten
Rechtszustand Deutschlands von so eingreifender Bedeutung war und speziell über den Hausfrieden eine Fülle
von rechtlichen Normen und Satzungen hervorrief, so dass
die Stadtrechte die Hauptclasse der von mir zu benutzenden Quellen bildeten. Neben ihnen kamen vorzüglich die
Weisthümer in Betracht. Ohne daher die Landrechte und
andere Rechtsdenkmäler zu vernachlässigen, habe ich aus
den Stadtrechten und Weisthümern das meiste Material
für meine Arbeit gewonnen; es hat mir auch das Studium
dieser alljährlich in einem grösseren Umfange zugänglich
werdenden Denkmäler, da ich sie nicht bloss für meinen
nächsten Zweck las, es recht klar gemacht, dass die Geschichte des deutschen Rechts und namentlich des Strafrechts noch einen grossen Gewinn aus ihnen ziehen kann.
Vor Allem gilt diess von den österreichischen Rechtsquellen der Art, die erst seit Kurzem in grösserer Zahl dem
allgemeinen Gebrauch geöffnet sind und ich darf wohl die
sorgfältige Benützung derselben in meiner Abhandlung als
einen Beleg für die Reichhaltigkeit jener noch viel zu wenig berücksichtigten Quellen bezeichnen. Leider theilt die
Sammlung der Weisthümer von Kaltenbaeck nicht den
Vorzug der Planmässigkeit mit den bekannten Sammlungen von Grimm und Schauberg und ein Hauptübelstand derselben ist es, dass die meisten der mitgetheilten
Weisthümer der Zeitangabe entbehren. · Mit dem· Eifer,
welcher sich jetzt in dem verschiedene Nationalitäten und
manche Varietäten des deutschen Volksstammes umfassenden Kaiserstaate für die Auffindung und Bearbeitung von
Quellen der Spezialgeschichte seiner Länder kundgibt, wird
unzweifelhaft die Entdeckung und Veröffentlichung neuer
Rechtsdenkmäler Hand in Hand gehen und es werden die
österreichischen Rechtshistoriker nicht säumen dürfen des
neuen ungemein interessanten Stoffes Herren zu werden. —

Sehr ergiebig waren auch für mein Thema, die schweizerischen Stadtrechte, Landbücher und Offnungen, deren Wichtigkeit für die deutsche Rechtsgeschichte zwar in weit grösserem Maassstabe aus den Rechtsgeschichten von Bluntschli, Blumer und Segesser hervorgeht, von denen aber nichtschweizerische Rechtshistoriker noch lange nicht den Gebrauch gemacht haben, den sie verdienen.

So weit meine Abhandlung einen strafrechtlichen Inhalt hat, möchte ich sie, wie schon angedeutet ist, als ein Fortschreiten auf dem von Wilda angebahnten Wege bezeichnen, denn obgleich sie nur einen speziellen Gegenstand erörtert, ist dieser doch ein rein deutscher und von solcher Wichtigkeit, dass ohne seine Erkenntniss das Strafrecht des deutschen Mittelalters nicht verstanden werden kann. Wilda wurde durch den Tod verhindert, sein Werk durch die folgenden Jahrhunderte des deutschen Mittelalters weiterzuführen und damit eine grosse Lücke auszufüllen, die so deutlich als solche hervortritt, denn für die Geschichte des altdeutschen Strafverfahrens ist sehr viel von den neueren deutschen Juristen geleistet worden, für die Geschichte des Strafrechts jener Jahrhunderte noch sehr wenig und doch sind sie als die der Bildung eines gemeinen deutschen Strafrechts unmittelbar vorhergehende Zeit so ungemein wichtig. Wer jetzt an Wilda's Stelle treten könnte, dem würde reichlicher Dank gewiss sein, aber auch Spezialarbeiten auf dem fruchtbaren Boden jener Zeit dürfen wohl auf Anerkennung hoffen.

Einige Druckfehler, wie auf S. 14 Auffassung statt Auflassung werden die Leser leicht als solche erkennen und entschuldigen.

Zürich im Mai 1857.

INHALTSÜBERSICHT.

Fünftes Capitel.
Die Verletzungen des Hausfriedens.

Erstes Capitel.

Die Bedeutung des Hausfriedens.

§. 1.

Das deutsche Haus.

Als eine Eigenthümlichkeit der Germanen hebt Tacitus Germ.
c. 16 hervor, dass sie die Geschlossenheit der Städte nicht
liebten, dass ihre Wohnsitze zerstreut über die Flur, im Walde
und auf den Bergen lagen. Jedes Haus hatte seinen Bezirk,
der gross genug war, um die Wohnsitze von einander zu isoli-
ren und in der Unabhängigkeit von einander zu erhalten, die
durch ein nahes Zusammenleben verloren gegangen wäre. Haus
und Hof bildeten ein für sich abgeschlossenes Ganze, auch wo
nicht Mauern und Gräben die Burg und Veste anzeigten. So
waren denn wirklich Wohnhaus und Wohnort, für welche beide
das „Heim" in der alten Sprache gebraucht wurde, nicht verschieden. Die Idee des Fürsichseins der Wohnhäuser erhielt sich
auch, nachdem Städte gegründet und die Häuser dadurch in eine
Vereinigung getreten waren, während auf dem Lande, selbst in
den Dörfern, der Zusammenhang ein loserer blieb. Als einen
Nachhall jenes Fürsichseins selbst der städtischen Wohnungen
kann man es bezeichnen, dass in einigen Städten der deutschen
Schweiz fast jedes Haus seinen Namen hat, an den sich oft die
jahrhundertlange Geschichte der das Haus bewohnenden Familie
knüpft. Bis vor wenigen Jahren waren in Zürich die Namen
der Häuser bekannter als die der Strassen und als diese zur
grösseren Bequemlichkeit für Fremde äusserlich an ihren Ecken

mit Namen bezeichnet werden sollten, mussten diese Namen vielfach erst entdeckt werden, während die Namen der Häuser jedem guten Züricher sehr geläufig waren.

Jenes Fürsichsein der Wohnhäuser äusserte sich stark in rechtlicher Beziehung und es ergibt sich daraus eins der interessantesten Stücke deutscher Rechtsgeschichte. Wer die alten deutschen Rechtsquellen durchmustert, findet in ihnen eine unendliche Masse von Bestimmungen, die sich auf das Wohnhaus beziehen, wie wir sie in den neueren Gesetzen nicht antreffen. Diese Bestimmungen mögen uns oft kleinlich erscheinen, aber sie wurzeln in der Idee des Wohnhauses, wie sie einst so stark war, und sie waren ehemals eben so nothwendig als sie jetzt überflüssig erscheinen. „Rechtes Leben ist individuell, nicht allgemein und abstract" sagt Michelsen (Eranien III, 96) sehr gut, um vor einem unrichtigen Urtheil über die Anführung kleiner Einzelheiten in den germanischen Rechtsquellen zu warnen. Im alten lübischen Rechte IV, 93, also dem Rechte einer grossen Stadt, ist eine bedeutende Busse dem auferlegt, der eines Andern Haushahn erschlägt. Der Hahn, „des Morgens Herold", musste, abgesehen von seiner stammväterlichen Eigenschaft, in der Zeit vor der Verallgemeinerung der Uhren für die Hausbewohner ein wichtiger Genosse sein. Eine ähnliche Bewandniss hat es mit der Bestimmung über das Erschlagen des Haushundes. In einem niedersächsischen Weisthum (Grimm III, 308) heisst es: „Ich frage, wenn ein hausmann einen guten hund hätte, und würde ihm todt geschlagen, womit derselbe soll gebessert sein? denselben hund soll man beym schwanze aufhängen, dass ihm die nase auf der erde stehet, und soll dann mit rotem weizen begossen werden, bis dass er bedecket ist, damit sol er gebessert sein [1]." — Damit die Ruhe und der Frieden des Hauses nicht gestört werde, soll nach einem Weisthum zu Selrich (Grimm II, 546) der, welcher das Rauchhuhn als Abgabe einfordert, „es also still holen, dass er den hanen uff dem gader nit entschrecke, noch das kindt in der wiegen nit

---

1) Grimm Wsth. III, 162. 221. 222. 715. 720. Grimm R. A. 668 ff.

enwecke." Von einer rührenden Einfachheit ist es auch, wenn im Gesetze wiederholt wird, was durch die Sitte geheiligt war, dass im Hause des Sohnes die alte Mutter den besten Platz am Feuer haben solle. Bern Handfeste §. 45: „debet tamen matri apud ignem et alias in domo locum relinquere potiorem." Des Hauses Mittelpunkt war der Heerd, um dessen Feuer sich die Familie im traulichen Kreise versammelte; er erscheint im Leben der Germanen als die heilige Stätte, an welcher der Verfolgte Schutz und Frieden fand, der von Wind und Wetter Gequälte Rast und Ruhe und „gastliche Liebi". Die Beziehung liegt sehr nahe, dass, so wie der Germane gegen ein rauheres Klima in seinem Hause Schutz und Schirm suchen musste, dieses Haus ihm eben dadurch auch eine Bedeutung erhielt, die es für den unter milderem Himmel lebenden Griechen und Römer nicht hatte. Nausikaa führte den schiffbrüchigen Odysseus zum Bade, die germanische Jungfrau den herkommenden Mann zum heimischen Heerde. Zwar finden wir auch in den römischen Rechtsquellen Aeusserungen über den Schutz, den das Haus seinen Bewohnern gewähre, aber wie spärlich und wie vorsichtig gehalten sind solche Aeusserungen! „Die Meisten haben geglaubt, sagt G a i u s, dass niemand aus seinem Hause zu Gericht geladen werden dürfe, weil das Haus einem Jeden die sicherste Zufluchtsstätte und Schutzort sei," l. 18. 21. D. de in ius vocando, l. 4 §. 5. D. de damno infecto, l. 23. D. de iniur., l. 103. D. de R. J. Stärker betont C i c e r o in der Rede für sein Haus (c. 41 vgl. in Vatin. 9.) den auf religiöser Grundlage ruhenden Schutz des eignen Hauses, aber der Begriff des H a u s f r i e d e n s, als Basis eines starken Rechts, fehlte den Römern wie den Griechen, bei den Germanen ist dieser Frieden ein mächtiger Schutzgeist von Haus und Heerd.

§. 2.

Allgemeine Aussprüche der Rechtsquellen über den
Hausfrieden.

Das englische „my house is my castle" enthält ein wichtiges Stück germanischer Rechtsgeschichte; der kleine stolze

1 *

4

Spruch erschliesst eine Reihe von Rechtsvorstellungen, die ehedem allen germanischen Völkern gemeinsam waren; daher finden wir ihn auch in dieser oder einer verwandten Form in manchen alten Rechtsdenkmälern. Juram. pacis Dei 1085: „Omnis domus, omnis area, pacem infra septa sua habeat firmam." (Pertz IV, 58 cf. 61). Direct auch der Form nach ist jener englische Spruch überliefert in den altösterreichischen Stadtrechten. Ens §. 19: „Volumus quoque ut unicuique civium domus sua sit pro munitione, et commansionariis suis, et cuilibet fugienti vel intranti domum," Wien 1221 §. 26. 1244 §. 30. 1278 §. 30. Haimburg S. 56: „Wier wellen auch, daz einem jeglichen purger sein haus sein veste sei etc." Sehen wir in alten Städten manches alte Haus an, das so finster und so ehrwürdig dasteht und alle modernen Epigonen, von denen es umgeben ist, weit überdauern kann, so erscheint es uns wirklich wie eine Burg, in welche der Eingang wider Willen des Hausherrn nicht leicht möglich war, aber es ist nicht diese Felsenfestigkeit und Unzugänglichkeit allein, welche das altdeutsche Haus zu einer Feste machte, sondern die Idee des Hausfriedens. Diese ist oft sehr schön und sehr sinnig hervorgestellt. Die berner Handfeste 27. hat die Rubrik: „De domo sua cuique sancta." Oesterreichische Weisthümer wiederholen immerfort den Satz, dass ein jeder fridbar (fridsam) sein soll in seinem Hause (I, 15. II, 13. III, 11. IV, 7. VIII, 8. IX, 15. X, 9. XI, 7. XIV, 8. XVI, 8. XVII, 7 u. s. w. vgl. Ofen 229 §. 2) und mehrere dieser Weisthümer haben noch einen interessanten Zusatz: „dass ein jeder hausgesessen frid soll haben in seinem Hauss, wär es halt nur mit einem Zwirnfaden umbfangen" (IX, 16. LXXII, 13. LXXXIV, 14. XCVI, 11. XCVII, 10. CLXXI, 11.) Der schwache Faden characterisirt die Stärke der Idee des Hausfriedens [2]).

---

1) Gebannte Grundstücke wurden durch einen darum gezogenen Seidenfaden gehegt (Grimm R. A. 183), wie überhaupt der Faden als Symbol im Recht sehr häufig vorkommt s. Grimm Wsth. I, 837. Murtner Stadtrodel 20, Freiheitsbrief von Murten 24. Oesterr. Wsth. XI, 9. XXIX, 16. XXXI, 41. XXXIII, 28. XXXIV,

Mit Pomp ist der Hausfrieden proclamirt im Kaiserrecht II, 66: „Der keiser hat genade und fride vor allen dingen bestetiget glich im selber eim iglichen mensche in sim huse." Alles ist in diesem Rechtsbuche auf den Kaiser bezogen, der Hausfrieden ist ein Lichtstrahl, der von der Kaiserkrone ausgeht und das Gefängniss ist benannt „daz vinsternisse des kaisers" (II, 19. 63.)

Die Statuten von Nordhausen beginnen mit der Satzung vom Hausfrieden, als der Grundlage der Bürgerfreiheit. I. §. 1: „von der fryheit unde husfrede." — „Des haben sich dy borgere von erst voreynt, das ein ixlich borger sal haben frede in syneme husz." Das alte Stadtbuch von Salfeld macht den Anfang mit der Heimsuchung.

Der Werth des Hausfriedens als eines höheren Friedens geht hervor aus der Gleichstellung des Hauses mit der Kirche und dem Kirchhofe, die an vielen Stellen ausgesprochen ist, Goslar S. 34, 26. 50[j], 4. 60, 35. 89, 35. Dist. I, 46, 6. IV, 19, 1. 45, 6. Hausfrieden und Gottesfrieden, der vom Kirchenfrieden verschieden ist, berühren sich, wenn es in dem Weisthum von Schwelm in Westphalen (Grimm III, 30) heisst: „ein jederman sall hebben einen frien weg van sinem herde bis an dat hohe altar unbespert und unbefloet und unbekümmert." In dem ditmarscher L. R. von 1447 §. 87 ist der Gottesfrieden, Sonnavendes-Vrede (Michelsen S. 339), dem Marktfrieden gleichgestellt, wie der Hausfrieden im §. 16 und im L. R. von 1539 §. 53. Der Marktfrieden war, wie Michelsen S. 277 (vgl. S. 316. 337. 351) hervorhebt „ein gesetzliches Normale und eine Basis für die gerichtliche Beurtheilung und erhöhte Busse der qualificirten Frieden" s. das ältere L. R. §. 12. 18. 19. 20. 27. 43. 70. 254. 257. — Femarn S. 1041 stellt den Hausfrieden, Kirchenfrieden und Dingfrieden einander gleich. —

----

19. XXXVIII, 9. XL, 7. XLI, 5. XLIV, 41. LII, 11. LIV, 9. LXVIII, 19. LXX, 19. LXXI, 15. LXXII, 3. LXXIII, 16. LXXIV, 4. LXXX, 3. LXXXII, 5. LXXXIV, 12. XC, 10. CXXIII, 4. CXXXII, 5.

Greussen 22 hat die Grösse des Hausfriedens so bezeichnet: „Ein jeder Burger sol in seinem hauss rechte sicherheit haben, als ob ihme ein bestendiger Friede vor gerichte gewirckt were."

§. 3.

Der Hausfrieden bezieht sich auf die Personen der Bewohner des Hauses.

Dass der Hausfrieden sich auf die Personen der Hausbewohner bezieht, verkünden unzählige Stellen, an denen er beschrieben oder characterisirt ist z. B. Grimm, Wsth. II, 6: „Wir gebieden und wollen, das eyn igliche mensche sicher sy in sime huse; das nyemant dem andern gewalt dun gedure by nacht noch by dage etc." Dist. II, 3, 1. s. auch manche der im §. 2 angeführten Stellen und Göschen S. 292. 313. Wenn daher durch Verletzungen der Integrität des Hauses oder durch Beschädigungen von Mobilien im Hause der Hausfrieden gestört wird, so ist nicht die Sachverletzung an sich Hausfriedensbruch, sondern in so fern sie mittelbar den Frieden der Bewohner des Hauses stört; sie ist eine „Ueberlast", die „mit Werken" den Personen geschieht, Dist. II, 3, 1. Zunächst ist zwar der Hauswirth der Träger des Rechts, welches hervorgeht aus dem Hausfrieden, der auf seinem Wohnhause ruht, daher fällt auch die Busse für Heimsuchung in der Regel an ihn (unten §. 21); an ihn reiht sich aber seine Familie. Haimburg S. 56: „daz einem iegleichen purger sein haus sein veste sei und ein sichrer zuflucht, im und den seinen"; österr. Wsth. IX, 17; Goslar 51, 24; Langensalza §. 24. Dass auch diejenigen, welche in einem fremden Hause zur Miethe wohnen, den Hausfrieden geniessen sollen, wird mehrfach ausgesprochen. Schwsp. 301: „Und ist ein man in eynem hauss es sy seyn oder er lone es oder er habe es um sunst, und wirt er daryn heimgesucht, man sol in bussen wann er wirt dar ynne ist." Goslar 50, 6: „Wes de were is oder se heft ghemedet, deme beteret men de husvredebrake de dar uppe ghescüt", 50, 38. 51, 24. (Göschen S. 314). Dist. II, 3, 3. Glosse zum Ssp. II, 66, 1. Brünn Schöffenb. 400 a. E. Freiberg II, 3. Greussen 22. Luzern 132:

„es sy eins eigen oder zins“. Basel L. O. §. 67. 68. Schauberg I. S. 77 Art. 8. vgl. Segesser, Rechtsgesch. der Stadt und Republik Lucern II. S. 677.

Dass der Hausfrieden auf dem bewohnten Hause ruht, tritt besonders deutlich aus vielen Stellen der schweizerischen Rechtsquellen hervor. Grimm Wsth. I, 16 §. 61: „heimsuchen under eins russigen rafen.“ I, 18 §. 10. I, 151. 282. 817. Schauberg I, 1. 11. 72. 77. 179. Zug §. 9: „unter seinem russenden Rafen.“ Schwyz Rechtsq. §. 68. 172. vgl. Blumer Staats- und Rechtsgesch. der schweiz. Democratien I. S. 413. Kühn, aber verständlich ist die Abkürzung in der Offnung von Wiedikon bei Zürich art. 2.: „Item sol min her Jacob Glenter von keiner Fröffny mör nëmen dann VIII β, wenn umb marchstein us zebrechen und under ruossigem raffen (nemlich: heimsuchen), das betuetet und git als vil als ein todschlag.“ Raffen (Rafen) ist = Dachsparren [3]) und die vom Russ geschwärzten Dachsparren zeigen deutlich das Bewohntsein des Hauses an.

Dass für die Frage nach den Personen, welche als Subjecte des Hausfriedens gelten, das Factum des Wohnens das Entscheidende sei, hat Göschen richtig betont. Ich kann ihm aber nicht beistimmen, wenn er fortfährt auf S. 315: „Zuletzt ist noch hervorzuheben, dass nicht bloss auf physische Personen der Begriff des Hausfriedens Anwendung findet, sondern auch auf juristische, wenigstens scheint der in einer Stelle vorkommende Ausdruck „der stat husvrede“ so verstanden werden zu müssen.“ Diese Stelle, auf welche er sich bezieht, lautet: „We des rades vorvestede man is unde de dene upholt it si wur dat si, de ne hevet ieghen den rat noch ieghen unse ghe-

---

3) Stalder, schweizerisch es Idiotikon s. v. — Schmid, schwäbisches Wörterbuch s. v. Raf. — Blumer a. a. O. erklärt „Raffen“ durch „Vordach“, eine Bedeutung, die das Wort wohl hat, die aber nicht passt zu den Stellen, an denen bestimmt ist, dass die Busse so oft gezahlt werden soll, als das Haus Raffen hat (s. unten §. 22) z. B. in dem von Blumer angeführten Landbuch von Gaster. — Im Dänischen heisst den Sparren = Raft.

richte nenen bröke, of dat dar nicht ne sche dar men der
stat husvrede holden scole." Dieser Hausfriede der Stadt ist
wohl gar kein andrer, als derjenige, den die Bürger der Stadt
in den Wohnhäusern geniessen. Wie weit derselbe die Arrestfreiheit der Bürger involvire, werden wir später im §. 9 sehen.
Wenn der Ausdruck „der Stat husvrede" gebraucht ist, so bezieht sich das auf das Recht und die Bestimmungen dieser
Stadt über den Hausfrieden, welcher die Grundlage der Bürgerfreiheit war s. oben §. 2. Wollte man jene Bezeichnung als
eine kühne Wendung für den „Stadtfrieden"[4]) nehmen, so müsste
es in jener Stelle verboten sein, einen Vervesteten in der Stadt
überhaupt „aufzuhalten," während doch Goslar 51, 31 stark
hervorgehoben ist, dass er nur in seinem Wohnhause Frieden
haben soll (s. unten §. 9).

Nicht alle Wohnhäuser sind der Ausflüsse des Hausfriedens in gleicher Weise theilhaftig. Wirthshäuser und ähnliche den Privathäusern entgegengesetzte Locale, wie Tanzlocale,
haben in dieser Beziehung ein limitirtes Recht und darin zeigt
sich grade recht die Bedeutung des Hausfriedens. Der Gastwirth
selbst mit den Seinigen geniesst zwar den Hausfrieden, soweit
er nur als Bewohner des Hauses anzusehen ist (Brünn Schöffenb. 401.), geschieht aber in dem Wirthshause eine Unbill, wie
sie eben leicht in Wirthshäusern vorkommt, die in einem Pri-
vathause Verletzung des Hausfriedens sein würde, so findet sie
nicht dieselbe Beurtheilung. Hamburg 1270. XI, 1: „So wor en
man mit beradeneme mode unde mit beladenen vrunden an des
anderen were geit, unde en sleit" (1292. L. I. und 1497. N. L.
setzen hinzu: „ofte sin ghesinde, it si taverne ofte nen") „wert
he in der were beholden, he schal it beteren mit sines sulves
halse" — „Mer komet lude an eyne veile tavernen, unde schut
deme werde wat van ungerake ofte ienigen manne, dar ne is
nen husvrede ane gebroken, noch de were bevochten." Der
letztere Absatz lautet in den beiden jüngeren Stadtrechten:

---

4) Ueber diesen s. Arnold, Verfassungsgeschichte der deutschen
Freistädte I. S. 63. 90. 110. 136. 395.

„Mer seten lude unde drunken in ener taverne ofte dobelden, unde scudhe dhar ein scelinge, unde dhe wert dhar medc were oder sin ghesinne: dar ne is nein husvrede ane broken, noch de were bevochten; dhen broke scal men beteren dharna he scut." Halten wir uns an den Ausdruck der beiden jüngeren Stadtrechte, so ist die Heimsuchung strafbar, sei das Haus ein Privat- oder Wirthshaus, also geniesst der Wirth mit den Seinigen den Hausfrieden, sind aber Leute in die dem Publicum zugängliche Taverne ohne die zur Heimsuchung nothwendige Absicht (s. unten §. 18) eingegangen, um sie als Taverne zu benutzen, so ist der dort entstehende Streit und die Unbill, die dem Wirthe oder Anderen geschieht, kein Hausfriedensbruch, vgl. Dist. II, 3, 4. Bamb. §. 198. Brünn Schöffenb. 398. Regensb. S. 69: „Wer in des andern Haus get, an in offne läwthewsser und den wirt oder sein lewt oder sein hausgenossen rauffet oder slecht etc." dann: „Ist aber, das yemant in ein leithaus get zu gever und mit verdachtem muet, dem wirtt und seiner hausfrawen, der geb das vorgenannte gut etc." Der Unterschied dieser beiden Satzungen ist wohl ganz ähnlich aufzufassen wie bei dem hamburger Recht.

In den Statuten von Goslar zeigt sich der Unterschied der Wirthshäuser und andrer Wohnhäuser in den Bestimmungen über das Arretiren (Aufhalten) vervesteter und overhöriger Personen s. Albrecht's Gewere S. 49. Göschen S. 315. vgl. Basel G. O. §. 33. (Ztschr. für schweiz. Recht II, 2. S. 115).

Die österr. Weisthümer XXXII, 9. XL, 8. bestimmen über den Schutz, den ein flüchtiger und verfolgter Todschläger geniessen soll: „— der entrun in ains andern frummen Manns haus, so hat er — vierzehn tag freiung, ausgenommen leithäuser und spilhäuser, da haben sy nit freyung innen."

Keine Beziehung auf unser Thema haben andere Stellen, an denen von Stadt und Obrigkeit wegen über Frevel, die in Wirthshäusern geschehen, eine besondere Strafbestimmung geschrieben steht, wie Nordhausen I, 18. Grimm Wsth. I, 416. Schwyz Landb. S. 11.

§. 4.

Das Terrain des Hausfriedens.

Für die Beantwortung der Frage, ob der Hausfrieden sich nur auf das Wohnhaus selbst beziehe oder sich weiter erstrecke auf das zum Wohnhause gehörige oder mit demselben in directer Verbindung stehende Local, findet sich in den Rechtsquellen ein reichliches Material.

1) Am häufigsten kommt Haus und Hof in den deutschgeschriebenen Quellen vor und in den lateinischen Urkunden ein entsprechender Ausdruck. Pertz IV, 58: omnis domus, omnis area. Berner Handfeste §. 27: in domo propria et area. Pertz IV, 60: in domum vel in curtem. IV, 61: „omnes homines pacem habeant in domibus, et in quolibet aedificio, et in curiis etiam infra legitimas areas domum, quas hovestete vulgo vocamus, sive sint septae seu nulla sepe sint circumdatae.“ Strassburg 36: „infra septa domus suae vel atrii“, wofür im deutschen Text: „innewendic dez ringes sines huses oder sines hofes.“ Friedrich I. Rechtsbrief für Worms 1156 (Ludwig Reliquiae Manuscr. II. p. 193): „infra atrium suae mansionis.“

Haus und Hof ist nicht bloss der Alliteration zu Liebe gebraucht, sondern um anzugeben, dass der Frieden gleich wie das Haus auch den Hof umfange, das Haus „samt seinem Begriff“ (Grimm Wsth. I, 781. 790.) Viele Belege dazu hat Geib im neuen Archiv des Crim. 1847 S. 379 ff. gegeben vgl. Walch diss. §. 5. Wenn Geib hervorhebt: „Dass die Anerkennung des Asylrechts nicht auf das Haus im engern Sinne beschränkt war, sondern in gleicher Art den Hofraum umfasste, können wir schon daraus ersehen, dass selbst die früheste Aeusserung dieses Rechts, die Anerkennung der kirchlichen Freistätten, auch auf den zur Kirche gehörenden Garten und Kirchhof sich erstreckte“, so ist doch wohl dabei zu bedenken, dass ein Frieden Haus und Hof umfasste, dagegen der Kirchhof, als Begräbnissstätte, einen Frieden hatte, welcher dem der Kirche gleichgestellt wurde; daher wird auch der Kirchhofsfrieden bisweilen besonders erwähnt neben dem Kirchenfrieden, schwerlich aber der Frieden des zum Hause gehörigen Hofes als gesondert von dem Hausfrieden. Meldorfer Kirchspielsbeliebungen §. 11 (Michelsen S. 235): „De Kerckhoff scall frig syn vor Ghewalt und Averfall — dar de Corpora und Gebenthe begraven werden der Christen." Grimm Wsth. I, 849: „es beschech denn inredthalb den vier zeichen by dem gotzhus, da bessert er III. lib. Pfening und ein helbling, beschech es aber in dem gotzhus lib u. gut."

Neben Haus und Hof kommt auch vor „Haus und Hofreite" (Grimm Wsth. III, 598), „Haus und Hofstatt" (Stadtr. von Freysing S. 168) und „Haus und Hab" (Offnung von Weinfelden 7 in: Ztschr. für schweiz. Recht I, S. 96). — Memmingen S. 276, 277: „hus und gemach, da er zuo hus ist."

2) Oft werden die „vier Pfähle" genannt (Haltaus p. 1463, Grimm R. A. 212), entweder

a) allein zur Bezeichnung des Hauses. Dist. II, 3, 1: „in sin für pfeln unde wenden." Hadeln Landr. IV, 5: „Ein jeder soll in seinen vier pfalen haben fried"

b) oder hinzugefügt zu dem Hause. Stat. von Halle (Walch diss. §. 5): „in seynem Hause und in seinen vier pfelen." Gera 35. Rudolstadt S. 41. Blankenburg S. 86. Schlaiz 17. Ob an solchen Stellen der Zusatz „und in seinen vier Pfählen" nur als Exegesis zu nehmen sei oder wie Walch meint, das ganze Grundstück, auf welchem das Haus stand, mit den vier Pfählen bezeichnet wurde, kann in Frage kommen. Für das Erstere sprechen die unter a. angeführten Stellen und dass sich mit den vier Pfählen wohl jedem unmittelbar die Vorstellung des Hauses als solchen verbindet. Dagegen spricht für das Letztere, dass an so vielen Stellen der Umfang des in Frieden ruhenden Heimwesens mit Haus und Hof bezeichnet wird. Daher heisst es auch in der Glosse zur Ssp. II, 66, 1; „Etliche sagen, dass aus diesem der gemeine hausfried kommen sei, welchen ein jeder in seinem hauss und hoff, das ist in seinen vier pfälen haben soll." Zips hat in der Rubrik des Art. 32: „in eines erbaren mannes vier pfelen," dafür im Text: „in seinem haus oder seinem hofe."

3) Sehr oft geschieht der Dachtraufe oder des Dachtropfens für die Bestimmung der Grenzen des Hauses und des

Hausfriedens Erwähnung. Freiberg I, 35 (Walch art. 48).
„Ein iklich Man, der hus und hof hat, der hat gewalt und
vride, also verre alse sine troufe vellet, daz da nimand gesten
noch gevarn mac wider sinen willen." Grimm Wsth. I, 335.
Stadtr. von Freysing S. 196 a. E. Die meisten Belege finden
sich in den österr. Weisthümern I, 16. 59. II, 11. IV, 7.
XXXII, 25. LIII, 49. LXX, 19. 84. LXXI, 15. LXXII, 14.
LXXIII, 16. LXXIV, 54: „ausser der Heuser allein, wie die
mit Hoffmarch und Tachtropfen umbfangen." LXXVIII, 10. XCI,
26. XCV, 31. XCVI, 7. CXIII, 4. CXXIII, 8. CXXXIV, 7.
CLXIII, 40. CLXIV, 7. CCXI, 3. — LXXXIV, 18 ist
dafür gebraucht: „in seinem Haus oder Umbgang." Dieser
„Umgang" ist nicht selten nach einem Längenmaass bestimmt.
München 1294, §. 31. „von dem Hus siben schuch lanck" 1347
Art. 275. Add. VII, 30 bei Auer S. 276. — Winterthur 4:
„haime suochet inrunt drien fuessen vor siner tür sines huses."
Schauberg I, 90. Rain §. 4 (bei Gengler S. 366): „haim-
sucht zu seinen Hauss nahner dann dreyr Schrit von seinem
Trauff." Stadtr. von Freysing S. 179.

4) Die Schwelle des Hauses ist in den Bestimmungen
über Hausfriedensbruch und verwandten Capiteln von Bedeutung
z. B. österr. Wsth. I, 16: „sobald er under dy dachtropfen
khumt oder den ainen fues über das Drischybl [5]) setzt" LXXVIII,
10. Die Dachtraufe formirt den ambitus des Hauses; wer über
die Schwelle tritt, gelangt in das Haus selbst, daher ist an dieser letzteren Stelle der Wandel dessen, der „in gever" über eines Andern Schwelle läuft, doppelt so hoch als desjenigen, der
ihm unter die Dachtropfen nachläuft.

---

[5]) Das Wort Drischybl oder Drischübl (auch Druschybl, Drittschibl,
Thürschybl) ist häufig in den österr. Weisthümern. LXXXVII, 9 steht
dafür: Türgeschwell. Augsburg S. 72 hat die Form: Drissschufel
und Schmeller I, S. 416 nennt als nürnbergisch: Drischäufel.
Naumburg §. 6 (bei Gengler): Torschufele. Im Althochd. ist:
driscufli, driscufil, im Angels. thrëscvald, im Engl. threshhold. vgl.
Schmid, schwäbisches Wörterb. s. v. Drissufle.   ·†

5) **Das Heimwesen** (ahd. und mhd. Heim) hat einen **Frid** (Einfriedigung, septa)[6]) und dieser sichtbare Frid zeichnet den Frieden, in welchem Haus und Hof ruhen. Daher heisst es im österr. Wsth. XXIX, 6: „dass ein jeder gesessner in seinem Haus, alsweit derselb frid umbfangen ist, frid haben soll." XXX, 46. XXXI, 48. LXV, 38. — Die schützende Einfriedigung wird auch **Were** genannt und leicht entstand die Bedeutung dieses Worts, nach welchen es das Haus selbst und den Haus und Hof umfassenden befriedigten Bezirk bedeutet[7]). So oft in den hamburger Stadtrechten z. B. 1270. XI, 1. XII, 2. 4 „in sinen hemelkēn weren." Dist. II, 3, 2: „vor sine gewer." Oesterr. Wsth. I, 32: „an sein gewar."

6) Bisweilen steht auch **Gewalt** für das von dem Hauswirth beherrschte Haus und Hof. Regensb. S. 79. Stadtr. von Freysing S. 168. 170. 171. Brünn Schöffensatzung 231 (p. 402): „der richter schol in ens gewalt gen und berait pfenning suechen."

7) Gehört der **Garten** mit zu Haus und Hof, so dass er von demselben Frieden umfangen ist? Garten kommt wie Gurt und Gürtel vom gothischen gairdan = umgeben, umschliessen, und das goth. gards, ags. gëard, altnord. gardr ist sowol Umzäunung als das umzäunte Haus[8]). Gaard ist auch jetzt im Dänischen = Haus und Hof. Eine treffliche Untersuchung über den ursprünglichen Sinn von Garten s. bei **Geib** a. a. O. 368 ff., der auch nachweist, wie allmählig es dahin kam, dass der Garten, in loserer Verbindung mit dem Hause stehend als der

---

6) Lex Sax. 30. 31: „Qui alvearium apum infra septa alterius furaverit capite puniatur. Extra septa furatum novies componendum est." Strassb. 36 (s. oben S. 10). — Grimm Wsth. I, 117. 118. 134. 137. 139. 157. 204. 205. 212. 214. 256. 257. 780. vgl. Cropp in den crim. Beitr. II, 16 ff. Geib a. a. O. 385 ff.

7) Haltaus p. 706. Walch diss. §. 5. Albrecht, Gewere S. 12. Cropp und Geib a. a. O. Schmeller IV, 180.

8) Weigand nr. 869. Schmitthenner Art. Garten und Hof Schwenck s. v.

Hof, von Haus und Hof getrennt und dem Hofe auch entgegengesetzt wurde. In den deutschen Rechtsquellen der Periode, die ich für meine Untersuchung im Auge habe, ist diese neuere Auffassung durchaus vorherrschend. In der Handfeste von Freiburg im Uechtlande §. 62. 114 wie in der burgdorfer Handfeste §. 108. 154 ist das Betreten eines fremden Gartens gesondert von dem des fremden Hauses s. auch Augsburg S. 105, 107. Auch S. 100 ist zwar demjenigen, der eines Andern „bärhaften Baum“ abhaut, (der aber aber nicht nothwendig im Garten steht) die Busse der Heimsuchung auferlegt ausser dem Ersatz des Werthes des Baums, aber „rechte“ Heimsuchung (S. 15) ist das nicht, daher steht auch jene Bestimmung nicht im Abschnitt von der Heimsuchung. — Einsteigen in ein fremdes Haus und in einen fremden Garten sind im österr. Wsth. XXII, 32. 33 mit verschiedener Busse belegt.

§. 5.

Enstehung des Hausfriedens.

Wenn wir uns den alten Hausfrieden vorstellen in seiner ganzen tief in das Leben des Menschen eingreifenden Bedeutung und in seiner Heiligkeit, so kann die Vermuthung entstehen, dass er begründet oder gesetzt worden sei für das einzelne Wohnhaus durch einen besondern Weiheact und wem fiele da nicht das Friedewirken[9]) durch den Richter bei der gerichtlichen Auffassung ein? das uns besonders anschaulich in dem Rechtsbuch nach Distinctionen I, 31 vorgeführt wird, vgl. I, 43, 5. 8. 44, 1. 46, 4. 5. II, 4, 16. 18. Eisenach III, 42. Kulm III, 110 (Leman's Wterb. s. v. Vronerecht) Braunschw. §. 65. Billwärder 38. 39. 40 (dazu Lappenberg) Bremen 1428 II, c. 42. Freiberg I, 37. Allein dieses Friedewirken, welches bei der Auflassung eines Erbes oder sonstigen Grundstücks den Schluss bildet und der Uebertragung des Rechts an der Sache die Weihe gibt, hat mit dem für die Personen der Bewohner eines Hauses

---

9) S. die Stellen in Kraut's Grundriss §. 97. Haltaus p. 100.

geltenden Hausfrieden direct nichts zu thun, sondern der bewirkte
Friede haftet an der übertragenen Sache als Schutz vom Gericht
gegen Eingriffe in das Recht an der Sache. Durch solche Eingriffe entsteht ein Friedensbruch, aber dieser ist nicht die Verletzung des Hausfriedens. Dist. I, 43, 8: „Underwinth sich
eyner gutes an gerichte, unde spricht is an, daz ome vor gerichte vorteylt ist, unde man is bewisen mag, daz ist eyn fre-
debruch, umbe daz, das vor frede dorobir geworcht ist; dez
muss sich eyn man abenemen kegem deme cleger unde deme gerichte noch fredebruches rechte." Dieses Rechtsbuch behandelt
die Heimsuchung und den Hausfriedensbruch sehr ausführlich
II, 3, wie es über jenes Friedewirken genau ist, aber die beiden
Gegenstände sind völlig auseinandergehalten. Haltaus sagt
zwar: „Ex hoc banno pacis oritur a) securitas illa, quae voca-
tur domestica, sichere Gewahrsam und Hausfriede, b) securitas
ab evictione, non alio modo nec alibi nisi coram iudice compe-
tente instituenda;" aber die von ihm angeführten Stellen beweisen nur das Letztere, nicht das Erstere. Indirect hat freilich
jenes Friedewirken, wenn ein Wohnhaus übertragen ist, eine Beziehung zum Hausfrieden, insofern der durch dasselbe constituirte
Hauswirth als Träger des Hausfriedens hervortritt (s. oben S. 6),
aber begründet wird dieser nicht durch jenen Act. Die richtige
Ansicht findet sich in der Glosse zum Ssp. II, 66, 31: „Etliche
sagen, dass aus diesem (nemlich dem alten Frieden) der gemeine
Hausfried kommen sei, welchen ein jeder in seinem Haus und
Hof, das ist in seinen vier Pfälen haben soll. Andre aber sagen, man bekomme denselbigen allein daher, so vor Gericht einem
Mann sei gewirkt worden. Ich sage dir aber, dass der Hausfried von diesem alten Fried herkommen ist als hie stehet. Und
solches nimm bei dem ab. Dann ein mieter geneust auch dieses
Friedes in seinen gemieteten vier Pfälen und mag darin auch
ein Nothwehr thun, infra III, 78."

Nach einigen Stellen in deutschen Weisthümern könnte
es scheinen, als ob der Hausfrieden durch eine Abgabe begründet und durch Leistung derselben erhalten würde. Grimm
Wsth. I, 350: „Item und ye das hus, da lüt in sind, das sol

geben ein halb malter haber und zwei hūnr — und darumb git man den haber, das einer fri sie in sinem hus und hoff, das in nieman darin schmäche, überlauff noch benotte." I, 789. Für die vielen Abgaben im Mittelalter mussten viele Titel gesucht werden und so verfiel man denn auch einmal darauf, den Hafer und die Hühner als Gegenleistung gegen die Gewährung des Hausfriedens hinzustellen.

Für die Begründung des Hausfriedens der einzelnen Wohnhäuser lässt sich kein einzelner Formalact nachweisen, sondern dieser Frieden war für die Bewohner des Hauses durch die Thatsache des Wohnens unmittelbar existent und hatte dann Geltung „als ob ein beständiger Friede vor Gericht gewirkt wäre." Greussen §. 22 s. oben §. 2 a. E.

Zweites Capitel.

Die Hausehre und das Hausrecht.

§. 6.

Die Hausehre.

Das Wort Hausehre kommt in verschiedenen Nüancen vor, die sich aber alle auf einen Punkt zurückführen lassen. Wie der Hausfrieden sich auf die Personen der Inwohner bezog, so ist sein Ungestörtsein und seine Erhaltung eine Ehre dieser Personen und besonders ist es der Hausherr, der die Vortheile des Friedens zu wahren hat, welcher über seinem Dache schwebt, und dem daher auch das deutsche „Selbst ist der Mann!" zugestanden ist. Die Hausehre ist so sehr ein Attribut des deutschen Hauses, dass sie sogar bisweilen in der Sprache der Rechtsquellen mit dem Hause identificirt wird. Offnung von Wiedikon 13 (Schauberg I, 16): „Wer ouch den andern in disem gericht tags oder nachtes usser siner hus ere frefenlich fordert oder hoeischet, der sol es büessen etc." Oesterr. Wsth. CLII, 28: „Item kem ain rechter dewp und prech aim sein ere und auf sein gut." Häufiger ist aber der Hausehre eine andere Bedeutung und Beziehung beigelegt:

Im Schwsp. 283 (Ruprecht Freys. I, 186) ist es streng verpönt, einen Echter zu beherbergen, aber „einen iegelichen ehter mag ein man wol behalten über naht ouch mit wissende unde sol in dez morgens lan riten. Diz ist gesetzet durch dez mannes hus ere. von der hus ere ist vil guter dinge komen." So wie hier die Hausehre darin sich zeigt, dass der Hauswirth den Geächteten eine Nacht unter sein gastliches schützendes Dach aufnehmen darf, so greift die Hausehre, in ähnlicher Weise, noch weiter nach München 1294, §. 33: „Swer einen schaden tut, chumpt der fluchtiger in eins frum mannes Hus, derselb frum man durch sin Hausere sol in bergen, und sol hinhelfen, choment sin veint hin nach, vor den sol er in bergen und beschirmen so er best mack; chumpt aber der richter hin nach, oder sin boten, den sol er uf tun sin Haus, und allez daz verspart ist in sinem Haus, und sol in da lazzen suchen, und sol doch ienem hinhelfen ob er mack, und ist darumb niemen chainer buozz schuldick." Den Bürgern der kleinen Stadt Wiehe ist in einem Statut aus dem 15. Jahrh. (Walch III, 56) zugestanden als „Hausehre," dass ein Todschläger in ihren Häusern ein Asyl finde: „Auch ob ein Mann thete einen Todtschlag und käme in eines Bürgers Hauss, der Thäter soll kein Gewaltiger noch Herre begreifen noch waldigen im Hausse, sondern er soll den Bürger seine Haussehre lassen." (S. unten §. 10. 15).

2) Im bamberger Stadtr. §. 199 ist bestimmt, dass, wenn zwei Leute auf der Gasse mit einander in Streit kommen, der Eine in ein Haus flieht, der Andere ihm nachläuft in das Haus, so sei dieser „der alten Busse um die Hausehre" verfallen, er handle in dem Hause übel oder nicht. Die Verletzung des Hausfriedens ist hier Verletzung der Hausehre.

3) Oft ist die Hausehre darin gesetzt, dass der Hauswirth die Angriffe auf den Frieden seines Hauses mit eigner Macht und der Hülfe der Seinigen zurückschlagen darf. Augsburg S. 73 bezeichnet diess als „Nothwehr ihrer Hausehre" vgl. Glosse zum Ssp. III, 78, 7: „Wer seine vier Pfele beschützet, der thut ja als wohl eine notwehre daran, als ob er seinen leib rettete." Baiern L.R. 180 und München 1347, Art. 13 nennen diess

„Rettung der Hausehre." Hier kommen wir also auf den Begriff des Hausrechts.

§. 7.

Das Hausrecht.

Aus dem grossen Vorrath der Aussprüche in den Rechtsquellen über das Hausrecht tritt uns deutlich der Unterschied des unbeschränkten und beschränkten Hausrechts entgegen und es erscheint zweckmässig, diese Unterscheidung zum Ausgangspunkt für die genauere Betrachtung des Gegenstandes zu wählen.

I. Ein unbeschränktes Hausrecht verkündet eine Gruppe in historischem Zusammenhange stehender alter Stadtrechte, als deren Mutterrecht das alte Stadtrecht von Köln angesehen wird (Kraut, Grundriss §. 20. Schreiber, die älteste Verfassungsurkunde der Stadt Freiburg im Breisgau (1833). Gaupp II, 6). Freiburg Stiftungsbr. 1120, §. 9: „Si quis aliquem in ipsa harea vi invaserit, quidquid ei malefecerit sine omni satisfactione evadet." Freiburg Stadtrodel §. 42: „Si quis burgensem in propria area vi invaserit vel temere domi quesierit, quicquid ei male fecerit, non emendabit;" §. 72: „Si quis domum alicujus intraverit, ex quo sibi semel introitam interdixerit, quicquid ei postmodum ab hospite domus acciderit, nullus ei emendabit." Bern Handfeste §. 27. Handfeste von Freiburg im Uechtlande §. 62. Burgdorf Handfeste §. 108. Dattenried §. 9. Die Voraussetzung der unbeschränkten Ausübung des Hausrechts ist hier überall die in der Umschreibung characterisirte Heimsuchung, wie auch im Stadtrecht von Wiener-Neustadt c. 14: „si aliquis domum alterius intraverit, ipsum in honore vel rebus suis vel persoña volens offendere, si eundem in domo sua occiderit aut vulneraverit sua familia adjuvante vel etiam auxilio vicinorum, super eo nec judici nec aliquibus aliis respondebit." Vgl. Stadtrecht von Wien 1340, Art. 31 (Bischoff österr. Stadtrechte S. 196). Ferner Augsb. S. 73, 105 vgl. 107. Colmar §. 9. Salfeld 139. Wesel §. 22. (Gengler S. 526). Cölln Art. 25. Magdeb. Schöffenbescheide 16.

Ein unbeschränktes Hausrecht treffen wir gleichfalls häufig in den schweizerischen Rechtsquellen, von denen schon einige angeführt sind. Handfeste der Stadt Diessenhofen von 1260, zusammenhängend mit der obigen Gruppe der von Freiburg im Breisgau verbreiteten Stadtrechte, Art. 10 (Schauberg II, 54): „Si quis eorum aliquem vi in propria domo invaserit sub testimonie duorum burgensium tribus vicibus invaserem exire faciat: quod si forte invasor exire neglexerit, quidquid ei hospes domus mali fecerit nemini satisfacere compelletur.“ Die dreimalige Aufforderung zum Fortgehen, die auch sonst vorgeschrieben ist, Speier 22, kann nicht als eine materielle Beschränkung des Rechts angesehen werden. Wesentlich übereinstimmend ist das später geschriebene Stadtrecht von Diessenhofen Art. 59. (Schauberg I, 12, vgl. 11, Anm. 4). Schwyz Landb. S. 89: „ — und fügte dem selben — schaden zu an sim Lib, so sol er im um den selben zugefügten schaden abtrag zu thun nit schuldig sin.“

Eine Bestimmung von sehr alter Färbung ist conservirt in der basler Landesordnung von 1611, Art. 68: „Sucht einer den andern zu Nacht nach der Bättglocken in seinem Hauss oder Zinss und schlagt oder sticht ihn zu Tod, das ist ein Mord; sticht oder schlagt aber der zu Hauss gesucht worden, denselben zu Tod, der ihn gesucht hat, der besseret nichts; erwehret er sich aber sonst, dass derjenige, der ihn gesucht hat, weichen und dannen gehen muss ungeschafft, klaget derjenige, so gesucht ist worden, seinem Herrn den Frevell, und sucht der Herr recht darumb, so mag der so in seinem Hauss gesucht ist worden, alss vorstehet, und sein Hausgesindt, ob er eines hat, seines Herrn Gezeug sein in dieser Sach. Hat er aber nicht Hausgesindt, und hat auf die Zeit einen Hund in seinem Hauss gehabt, als er gesucht wurde, soll er denselben nemen an ein Seyl und drey Halm von seinem Tach und für Gericht kommen und schwören, dass des Herrn Klag allso ergangen seye, er bezeugt ihn damit. Hatt er aber auf die Zeit keinen Hund, sondern eine Kaz hinder der Herdstatt oder einen Hahnen auf dem Sädel, er nimbt eines von den zweyen, welches er will, an den Arm und drei Halm von seinem Tach, und schwöret als vorsteht, damit hat der Herr

ihme aber bezeugt, und wird die That für einen Mord erkandt."
Die drei Halme vom Dache sind das Symbol des Hauses, in welchem der Angegriffene heimgesucht wurde, Hund oder Katze oder Hahn treten zu ihm als Zeugen hinzu, er selbst ist der erste Zeuge für den als Kläger auftretenden Herrn (vgl. unten §. 21). Wir treffen hier Scheinzeugen, wie es eine Scheinbusse gab. Diese Erklärung geht aus dem Zusammenhange hervor, denn es heisst zuerst das Hausgesinde solle G e z e u g sein, hat er aber kein Hausgesinde, so etc. und sie scheint mir einfacher zu sein als die von G r i m m R.A. 588: „im Glauben, dass ihn Gott Lügen strafen könne durch die kleinste Creatur."

Ein unbeschränktes Hausrecht melden auch manche österr. Weisthümer, II, 11: „Das ein yeder fridbar sol sein in seinem Haus und ob ein lusmer käm an sein Haus und wolt im zulusmen, wurd des der wirt in und sprech drey stund: wer steht do? und der lusmer spräch nichtz, ob der wirt den lusmer prächt vom leben zum tod, er wäre nyemant darumb schuldig oder pflichtig. Aber der wirt sol für den Dachtropfen nicht komen etc." IV, 7. XXXIII, 37. XCVI, 7. — III, 14. VII, 28. VIII, 16. XIV, 12. CLV, 33. CLXI, 5. CLXXXVII, 10. — LXXXIV, 18. CXXVIII, 7. CCIV, 29. S. auch Z i p s 30, 32, 34.

Das Hausrecht wird materiell nicht beschränkt, wenn in Fällen der Tödtung nachher vorzunehmende Förmlichkeiten vorgeschrieben sind:

1) G r i m m Wsth. I, 351: „Wer das yeman eim armen man in sinem hus ützt täte, und er einen darumb schlieg oder liblos täte, der sol das keinem herrn bessern und sol ein loch under sinem schwellen machen und den der also liblos getan were under der schwellen hinuss ziechen und nit darob" III, 42. 308. vgl. G r i m m R.A. 727. Dist. II, 3, 2. IV, 10, 6.

2) Oesterr. Wsth. III, 13: „er soll in dann nemen pey seinen füssen, sol in ziechen aus seinem haus auf die nagst wagenlayst die vor dem haus get, fressn in die swein oder hunndt, darumb ist er nyemantz nichtz pflichtig." VIII, 10.

XIV, 10. CLIX, 20: „und zeug ihn mitten in den fahrweg und las ihn liegen, ist schon verantwurt."

3) Grimm Wsth. I, 425 ist die Rede von einem Boten, der seine Befugniss im Einfordern der Abgabe überschreitet „und kompt dann der botte fürbasser me und heischet jm aber, koment sie dann miteinander zue unrede und zue kriege, stecket denn ein axe one alle geverde in der mittelsülen, und sleht den botten für den kopffe, das er stirbt, und zühet in under der swellen haruss, so sol er ungefrevelt han." Aehnliches von dem Förster, der sein Recht zu pfänden und Busse zu fordern überschreitet I, 422, 428, 501. Ein solches Hausrecht bildet einen starken Gegensatz zu den ängstlichen modernen Bestimmungen und Ansichten über Widerstand gegen gesetzwidrige Beamtenhandlungen s. meine Casuistik des Criminalrechts Nr. 197. Köstlin's System I, S. 85.

4) Oft ist eine Scheinbusse im Falle der kraft Hausrechts geschehenen Tödtung angeordnet. Grimm Wsth. I, 543: „Item is ist lantrecht, werez, dass eyn man, der in syme eigen huss gesucht worde, manlichen daz virwerte, und den hussucher unde alle syne midegesellen, die dar mide weren, doit sluge, der sulde gelden myme herrn von elcken irslagen man vier phennige." III, 42: „und legen ihme einen krutzpfenning op sin borst" III, 308: „und hauen dem haushahnen den kopf ab und legen dem getödteten auf die brust, oder einen drey ördenschilling, damit sol er gebessert sein" vgl. Grimm R.A. 679. — Sehr häufig kommt dergleichen in den österr. Weisthümern vor, I, 15: „und ihm drei Pfenning auf drei Wunden legen" XXVIII, 41. XXIX, 8. XXXII, 25. XXXIV, 6. XL, 18. XLIV, 44. LXXXIX, 16 (S. 492) 9 (S. 493). XCI, 26. CXXI, 32. CXXIV, 7. CXXVII, 6. CXXXI, 8. CXXXIII, 11. CXXXIV, 7. CXXXVI, 9. CCXI, 3.

II. Obwohl wir am häufigsten in den alten deutschen Rechtsquellen auf ein unbegränztes Hausrecht stossen, ist doch eine Beschränkung desselben nicht selten und zwar

1) indem die Tödtung ausgenommen wird. Speier 22: „ane den Todschlag, den soll man richten alle wege." Baiern

L. R. Art. 180. München 1347, Art. 13 a. E. Memmingen S. 276.
Grimm Wsth. II, 6 vgl. Oesterr. Wsth. I, 18. II, 12. IV, 6.
IX, 14. XI, 6. XVIII, 35. CLX, 39: „so mag der Wirt ihn an-
zaichnen, dass er nicht laugen mag." An diesen Stellen ist
zwar der Todschlag nicht ausdrücklich ausgenommen, aber es sind
nur Verletzungen als unsträflich genannt. CLXXIX, 12 ist gestattet, den Lauscher mit den Ohren an das Fensterbrett zu
zwicken.

2) Tödtung und Lemden sind ausgenommen in den Stadtrechten von Ilm 1350 (Walch VI, 16) und Königsee 1365
(Walch VII, 45).

3) Eine Beschränkung in andrer Form hat Wien 1221,
§. 28 vgl. 27: „Item si alicujus domus invaditur, liceat ei de-
fendere eam omnibus modis quibus potest praeter arcus et ba-
listas." Haimburg S. 56. Davon abweichend Brünn Schöffenb.
400 a. E.

III. Ein zahmes Hausrecht findet sich Grimm Wsth. III,
214: „Wo man einen unbendigen und unnütten gast aus seinem haus bringen solle? Man soll ihn bidden, schuven, so er
dan nicht will, seine nachbarn darzu fordern." Hier war aber
keine Heimsuchung oder ein sonstiger schwerer Angriff abzu-
wehren. Vgl. österr. Wsth. IX, 15. X, 13, XII, 17, 18. XIII, 29.

Einigermassen gehört auch hieher Lüneburg (Ausg. von
Kraut) S. 65: „Were ok, dat en man enen knapen begrepe
in sineme huse by slapender det, und he spreke, he were gan na
der maghet, und de maghet sede nicht; is de knecht unberuch-
tet boser dat, he wert los mit sinem rechte." Salzburg Landtäding 1534, Art. 36 (Walch II, 176).

Die Ausübung des Hausrechts ist in manchen der im obigen Detail enthaltenen Fällen nicht verschieden von der Nothwehr [10]), aber in vielen dieser Fälle, auch des unbeschränkten Hausrechts, sind die Bedingungen der Nothwehr nicht vorhanden, sondern ist das Geltendmachen der Hausrechts nur
Schutz des Hausfriedens.

---

10) Levita, das Recht der Nothwehr S. 105 ff.

Drittes Capitel.

Umfang und Grenzen des Schutzes, den das Haus den Bewohnern gewährt.

§. 8.

Allgemeines.

Auf dem Hausfrieden ist nicht allein das Hausrecht basirt, sondern sein Werth und seine Kraft zeigt sich in mannigfacher Weise. War jemand mit den Menschen umher in Unfrieden gekommen, so nahm ihn schätzend sein Haus auf und er fand hier die Stätte, an der er ruhig vor den Verfolgern sein Haupt niederlegen konnte; hatte er Angriffe von Seiten der Obrigkeit zu besorgen, so konnte er sich zurückziehn in sein Haus und genoss hier eine Sicherheit, wie sie im modernen Staat nicht möglich, oder doch auf ein Minimum reducirt ist. Berner (Archiv des Crim. 1848, S. 571) führt eine interessante Stelle aus Fichte's Naturrecht an, die eine historisch begründete und ideale Ansicht zugleich enthält: „Die Aufsicht des Staates geht bis zum Schlosse und da geht die meinige an. Das Schloss ist die Grenzscheide der Staatsgewalt und der Privatgewalt. Dafür sind Schlösser, um die Selbstvertheidigung möglich zu machen. In meinem Hause bin ich selbst dem Staate heilig und unverletzlich. Er darf darin in Civilsachen mich nicht angreifen, sondern muss warten, bis er mich auf öffentlichem Boden findet." Das ist eine Umschreibung des englischen „my house is my castle [11]," soweit es noch jetzt zu Recht besteht, welches früher nicht bloss in England galt. Zerstreut in den deutschen Rechtsbüchern liegt der Hausschutzbrief und der Habeas-Corpus-Act des alten Deutschlands und es lohnt sich wohl, dieselben aufzusuchen. Zunächst sind es Aussprüche allgemeinerer Art, welche unsre Aufmerksamkeit in Anspruch nehmen und die sich an die oben §. 2 angeführten allgemeinen Aussprüche über den Hausfrieden anschliessen.

---

11) Russell, on crimes and indictable misdemeanors I (2 edit.) p. 520.

Kommen Leute auf der Gasse in Streit miteinander und einer von ihnen flieht in sein Haus „da soll er Frid haben und Freiung, ob halt nur ein zwirnsfaden (oben §. 2.) zogen wär um sein purgkfried." Oesterr. Wsth. II, 13. IV, 8. IX, 16. XI, 7. CLXXI, 11.

Oft geschieht des Todschlägers in dieser Hinsicht Erwähnung. Rechtsbrief des Landgrafen Herrmann für Cassel 1239 (Walch diss. §. 4): „Si quis forte per aliquem provocatus aut ebrius vel naturali furore repletus sanguinem cujusquam effuderit aut quemcunque interficeret, et locum transgressionis evadens in domo sua se recepit vel si in domum alicujus civis fugerit ab omni violenta impetitione securum esse volumus." Grimm Wsth. III, 686: „wenn ein nachgepawr den andern erslüg, der hat freiung in seinem haws." Ditmarschen 1447, §. 71 (1539, §. 29): „Item efte en man sete in eynem laghe unde sloghe enen man dale, dat god vorbede, unde sete sin broder efte broder sone efte vedderen sone (offte iemant ut sinem Slechte 1539) in eneme anderen huze, he were wor he were, so schal he velich wesen (frede habben 1539) alzo langhe dat he in sin eghen hus kumpt." Die Erwähnung des in einem anderen Hause sitzenden Bruders, Brudersohnes und Geschlechtsgenossen erklärt sich daraus, dass sie die Fehdegenossen des Todschlägers waren (Michelsen S. 286). Das eigne Haus gab dem Todtschläger Schutz vor der Befehdung; wir finden hier also noch spät altes Recht und Sitte in Kraft, deren Aufzeichnung sich mehrfach in den alten germanischen Volksrechten findet. Wie weit ein solcher in sein Haus geflohener Todschläger gegen Angriffe der Obrigkeit gesichert war, werden wir später sehen (§. 9); das Recht gegen ihn nahm seinen Lauf und sein Haus schützte ihn nicht bis zu dem Maasse gegen das Einschreiten des Gerichts, wie gegen die Privatgewalt der Fehde. Holzminden 1245, §. 12 (Gengler S. 207): „Unusquisque profugus habebit pacem in domo, nisi judicio justo extractus." Bodenwerder 1287, § 32 (Gengler S. 30): „Quilibet profugus habebit pacem in domo sua vel alterius, donec justitia extrahatur; qui violentiam illi fecerit, capite puniatur." Münden 1246

(Gengler S. 303) §. 4: „Item si quis in civitate concivem suum occiderit sive etiam alienum, et factor homicidii in domum propriam venerit, pacem ad sex hebdomades obtinebit, et si infra terminum nominatum reus componere non potuerit, ipso remoto uxor ejůs et parvuli cum firma pace infra civitatem per annum manebunt; et si compositum non fuerit, salvis omnibus bonis suis exibunt, postquam annus fuerit evolutus."

§. 9.

Der Schutz gegen Arretirung durch die Obrigkeit. Die Vervestung.

Die Arrestfreiheit und ähnliche Berechtigungen erscheinen vielfach als Vorzüge der haushäbigen und angesessenen Bürger (München 1294 §. 20. Klosterneuburg §. 7. bei Gengler S. 223. Lechnig §. 23. 28. daselbst S. 244. Rain §. 7. S. 366. Weissensee S. 519. Schlaiz §. 17.), welche überhaupt in rechtlichen u nd gerichtlichen Beziehungen sehr begünstigt waren (Zöpfl Einl. S. 64. 67. 70.), allein dadurch geht deren Beziehung zum Hausfrieden nicht verloren. Sehr deutlich zeigen aber die citirten Stellen an, wenn auch in verschiedener Weise, dass die Arrestfreiheit der Bürger ihre Grenzen und bestimmten Ausnahmen habe. Nehmen wir zu diesen Stellen einige andere aus der Quellenfülle hinzu, so gelangen wir vielleicht zu einem Satze, der hier wenigstens annähernd als Regel gelten kann. Landshut §. 7 (Gaupp I, 153): „Judex etiam nullum civem detinebit, qui mansionem propriam habet, nisi poenam meruerit capitalem, si mansio valeat poenam pro maleficio debitam et condignam." Cölln 30: „Item, also man von altem Herkommen, Freyheit und Gewohnheit unser Statt Cöllen keinen Bürger antasten soll noch mag, ohne wissen, urlaub und willen eins Raths —, es were dann sach, dass man ihn auf bleichender That finde, davor man ihn billich am Leib richten solte, so haben wir auch nun vertragen etc." Nordhausen III, 84. „Daz man keynen husswert griffen sal. Man sal keynen besessen borger umbe gelt schult eyns andern borgirs adir gasts nicht griffen adir in gehorsam furen laszen, sundern in gehorsam gekiten [12]): heldit her des gehorsams nicht, so sal man yn halden unde buessen als eynnen weddersetzigen, unde magk sich denne zcu yme halden." Meiningen 1450 (Grimm Wsth. III, 599.): „Item es sal auch ein iglicher mitburger fride und geleydt habin in seinem husz, es were dann, dass er sich verhandelt hette, das hals ader handt anrürt."

Aus diesen Stellen tritt zunächst hervor, dass die Fälle, in denen es an Hals und Hand geht, strenger behandelt werden in der fraglichen Beziehung, als die Fälle bürgerlicher Schuld und geringerer Frevel; allein es wäre voreilig, daraus das allgemeine Resultat zu ziehen, dass in solchen schwereren Fällen die persönliche Freiheit durch Einsetzen des Angeschuldigten in ein Gefängniss, wie heut zu Tage, aufhörte; vielmehr zeigt sich in der älteren Zeit grade in diesen schwereren Fällen der Schutz des eignen Hauses, in so fern dieses allein noch Schutz gewährt. Das Haus blieb ihm eine Veste, auch wenn nach angestelltem Contumacialverfahren er vervestet war, aber ausser dem Hause hatte er keinen Frieden.

Dass die Vervestung nur eintrat, wenn die Sache an Hals und Hand ging, spricht einfach aus Ssp. I, 67 §. 3:

---

12) Es ist hier unterschieden „in Gehorsam führen lassen" und „in Gehorsam gebieten". Das Erstere ist Einsetzen in das Bürgergefängniss (auch jetzt noch mehrfach in den Städten Bürgergehorsam genannt), das Zweite, dem Gefängniss entgegengesetzt, ist eine Art des Einlagers (Nordh. I, 51 ff.), eine Beschränkung der persönlichen Freiheit und Einschränkung der Person auf einen gewissen Ort, namentlich das eigne Haus (Hausarrest), ohne dass derjenige, dem der Gehorsam geboten, durch Schloss oder Riegel oder Wache an der freien Bewegung absolut gehindert gewesen wäre. Bei entstandenem Feuerlärm und in ähnlichen allgemeinen Nothfällen durfte er den Ort, auf den er eingegränzt war, verlassen, um hülfreich zu sein (Nordh. I, 55.); thät er es aber ohne solchen Grund, so erging gegen ihn ein strengeres Verfahren und trat auch Gefängniss ein. Vgl. die Stadtrechte in Walch's Beitr. I, 153. 334. 365. II, 254. III, 48. 292. V, 43. VI, 203. VII, 85. 189. 288. VIII, 78. 97. 240. Haltaus p. 619.

„Uemme anders nene clage en scal men den man vervesten ane
ümme de de eme an dat lif oder an de hant gat." Landfr. Rudolf I §. 3. (Pertz IV, 427.) Schwsp. 101. 107. Der Schwsp.
gebraucht den Ausdruck „verehten", also die Aechtung als
gleichbedeutend mit Vervestung und das · ist bekanntlich auch
sonst oft geschehen (Walter, deutsche Rechtsgesch. §. 680);
aber in den beiden Ausdrücken ist der Zustand der betreffenden
Person von verschiedenen Seiten aufgefasst. Der Aechter oder
Geächtete ist der Verfolgte [13]) und daher unstät Flüchtige, der
Vervestete dagegen ist der an einen Ort Gebannte und in eine
unliebsame Ruhe Versetzte. Verlässt er diesen Ort, so ist er
der Geächtete d. h. feindlich Verfolgte. Der Ort aber, an den
er gebannt ist, an welchem er für Leib und Leben Schutz hat,
ist eben sein Haus. Goslar 51, 31. 60, 5: „En vorvestet
man oder en overhörig man heft uppe siner were dar he
wonet vrede sinen rechten tyd, allen si·dar en taverne." (Göschen S. 316 z. A.) Nachdem im Stadtrodel von Murten
§. 20. das Contumacialverfahren gegen einen Verbrecher (qui
forefactum fecit) beschrieben ist, heisst es: bona mobilia ipsius
ad aestimationem causae capientur, si autem non habeat, proten-
ditur ei filum ante hostium domus suae. si intus fuerit qui forefactum fecit, non exibit. si extra non intrabit. et si fecerit, in
majori banno incidit etc." Freiheitsbr. von Murten §. 24. Wer
daher ein Verbrechen begangen hatte und nicht an der frischen
That ergriffen war, der suchte in sein Haus zu gelangen. Mühlhausen z. A.: „Is daz ein mensci diz andiri totit — wirt he bi-
griphen an dir vrischin tait mit deimi da hez mieti gitotit heit
unde wiert he vur girichti bracht miti giscreigi he heit sinen
hals virworth. Is abir daz deimi meniscin deis got gehilphit,
daz he abi kumit in sien selbis huis ·edir in sienis naciburis —
so insal in in deimi huis unde in deimi hoivi bin deimi tagi
noch bin der nacht nieman biesezze wedir scultczi noch andiris

---

13) Weigand Nr. 289. Grimm, deutsches Wörterb. s. v. Aechter
und ächten. Benecke (Müller) mittelhochd. Wörterb. I. s. v.
Aehte und Aehter.

niemin." So wie aber der Schutz, den das Haus gewährte, für ihn ein Vortheil war, so lag in der gänzlichen Beschränkung auf diesen Schutz ein Nachtheil, der ihn bald bestimmen musste, den Vortheil aufzugeben, und die Flucht vorzuziehen, so dass der Verfestete zu einem Aechter d. h. Verfolgten wurde, oder sich auf dem Rechtswege aus der Verfestung herauszuziehen. (Walter Rechtsgesch. §. 680 a. E.)

Es kann nicht meine Absicht sein, hier auf die vollständige. Lehre von der Vervestung, Acht und Oberacht einzugehen, für welche der wechselnde Sprachgebrauch [14]) in den verschiedenen Quellen grosse Schwierigkeiten macht, sondern es genügt für die Behandlung meines Thema's die Bedeutung der Vervestung angegeben zu haben, welche mir die ursprüngliche zu sein scheint.

Gehen wir nun wieder auf die Frage zurück, ob und in welchen Fällen sich jemand durch Zurückziehen auf sein eignes Haus vor Arretirung zum Gefängniss sichern konnte, so ist es von vorne herein zu vermuthen, dass im Fortschritt der Zeit, als die Staatsgewalt sich consolidirte und in Verbindung damit die Organe der öffentlichen Gewalt der Privatgewalt und Privatwillkühr kräftiger entgegentraten, die Verhaftung auch der angesessenen Bürger nicht ausgeschlossen blieb und wir finden, dass, wie die Vervestung nur in Fällen eintreten sollte, die an Hals und Hand gingen, auch die Verhaftung da wo sie gesetzlich gestattet wird, zunächst auf peinliche Fälle beschränkt ist. Deutlich ist diess ausgesprochen Freiberg II, 3: „Hat ein man

---

14) Hinsichtlich der Vervestung bemerke ich hier (gegen Leman Wörterb. s. v. vesten), dass „verfesten" auch in der Bedeutung: festnehmen, gefangennehmen vorkommt. Schlaiz 10: „ins Rathsgefängniss verfesten lassen." Vielleicht ist auch: „to hand vervesten" Hamburg 1270. IX, 4. so zu nehmen. Regensburg S. 73 a. E. — Das in den Stat. von Goslar und sonst (z. B. Salzwedel §. 11.) oft vorkommende „upholden" entspricht dem franz. arrêter, bedeutet aber in der Regel nicht: verhaften um ins Gefängniss zu führen, sondern: aufhalten um vor Gericht zu bringen s. Weichbild XXVII. (Daniels).

eigen rouch daz ist gemitte herberge der heizet auch besezzen
daz in nimant in gecischen (yngeheischen) mac ane umme wunden etc." (bei **Walch** Art. 56.) Gera 32: „ausgeschlossen umb
todschlagk und peinliche That mag man ihn wohl fahen, auch
aus seinem Hauss oder ander Bürger Häusser, mit Urthel und
Recht gewinnen und anders nicht." Langensalza 24: „Ein ieg-
licher Bürger soll in seiner eigenen Behausung, vor sich selbst,
sein Weib und Kinder und Dienstgesinde für gefänglichen Angriffen in bürgerlichen Sachen gefreiet sein." Vgl. österr. Wsth.
VIII, 7. XIV, 7. CIV, 22. CV, 41.

§. 10.

Die Haussuchung.

Mit der Frage nach der Verhaftung hängt eng zusammen
die Frage: ob und unter welchen Bedingungen die Haussuchung
durch die Obrigkeit gestattet war? und zwar zunächst

I. die Haussuchung nach Personen. Die Schonung des
Hausfriedens und die Rücksicht auf den Hauswirth, der in seinem Hause Herr ist, hat zwar nicht zu dem Satze geführt, dass
das Haus ohne Erlaubniss des Hausherrn der Obrigkeit unzu-
gänglich sei, aber die Bedingungen und Voraussetzungen, unter
denen es ihr gestattet ist das Haus zu betreten, um eines Flüchtigen und vor ihr sich Verbergenden habhaft zu werden, zielen
alle darauf hin, dass die Hausehre gewahrt werde (vgl. oben
§. 6 Nr. 1). Bald ist bestimmt, dass dem Hauswirthe die gehörige Zeit gegeben werde, um sich entscheiden zu können, ob
er dem Nachgesuchten forthelfen wolle oder nicht; bald wird
gesagt, dass das Haus vorläufig nur von aussen besetzt werden
dürfe, bis eine regelmässige Verhandlung mit dem Wirthe statt
gefunden habe; bald ist das Betreten des Hauses abhängig gemacht von dem Vollbort des Rathes der Stadt; bald ist hervorgehoben, dass nur den höheren, nicht den niederen Beamten es
gestattet sei zu dem genannten Zwecke in das Haus einzugehen.
Ausserdem treten als die Nachgesuchten Friedbrecher und missethätige Menschen hervor. Da dieser Gegenstand später (§. 13 ff.)
unter einem anderen Gesichtspunkte nochmals zur Sprache kom-

men wird, so begnüge ich mich hier, nur einige characteristi-
sche Stellen anzuführen.

Schwsp. 152: „und hat ioch ein man ein ungeriht getan.
und fliuht zu eins mannes hus. und ist er in der aehte nicht.
er sol in lan. und sol sin tųr zu sliezen. und kumt der rihtaer.
er sol in dristunt lazen rufen. und sol den man iemittent sinen
wec schiken ob er mac. als der rihtaer dristunt gerufet. man sol
in in lazen. tut er des nit ob man ez hort. so muz der wirt für
den man antwurten. man sol den rihtaer in lazen und sol in
lan suchen etc." Stadtrecht von Nordhausen §. 27 (S. 9): „Wer
einen todschlag tud ader dergleichen und fluget er in eins andern hauss, der richter mit andern burgern besetze das hauss
und hoff, und der bottell gehe hinein und suche den wirt, und
wan der wirt herfur kompt, so spreche der riehter, einer ist
in eur hauss geflohen, der myssetat hat begangen, und will der
wirt, so mag er den erst suchen, findet er inen nicht, so sal
der botel den missetetiger suchen mit zweien glaubhafftigen burgern." Augsburg S. 28 med. Goslar 50, 18 ff. (Göschen
S. 316). Dist. IV, 21, 17. 45, 4 ff. Weichbild 109 (Thüngen). Cölln 56. Ein rasches Verfahren gebietet die Dringlichkeit
in einem Falle der Notnunft Dist. IV, 10, 6.

II. Die Haussuchung nach Sachen. Ueber das ältere
germanische Recht in dieser Beziehung haben wir die schöne
Untersuchung bei Grimm R. A. 639 ff. 954. Die alten Formen
sind zwar in dem späteren deutschen Mittelalter verschwunden,
aber die Haussuchung in dieser Richtung ist überall Beschränkungen und Bedingungen unterworfen und eben darum wird sie
oft erwähnt. Ein Ueberrest der Formen des älteren (nordischen)
Rechts findet sich noch in der lübischen Bursprake vom J. 1404:
„Ock beden düsse Heeren, nademmahle veel Ungemackes geschehen, dat geen Börger sik der Hussokinge underwinde, ane
Orlave der Richte-Herren unde ane den Frohnen und dat he
den Mantel vor dat Hus legge, als he ingat, alse wohn-
lick ist" s. Cropp in den criminalistischen Beiträgen II. S. 360,
der übrigens hier Stellen einmischt, wie aus der soester alten
und neuen Skrae, welche nicht von einer Haussuchung in die-

sem Sinne, sondern von der mit Heimsuchung identischen Haussuchung handeln (s. unten §. 18).

Als Voraussetzung der Rechtmässigkeit einer Haussuchung nach Sachen in Häusern der Bürger finden wir mehrfach die Erlaubniss oder Autorisation von Seiten des Rathes der Stadt angegeben, dann sind aber auch gewisse Sachen ausgezeichnet. Goslar 50, 22. 83, 1: „De voghet ne scal nicht söken in enes borgheres huse noch nen richtere ane des rades orlof, sunder hilleghen want unde böke unde kelke de to goddes denste höret unde valsche penninghe." Privil. Friderici (bei Göschen S. 114, 5): „In nullius autem domo vel cista res aliquae sunt quaerendae, praeterquam falsi denarii et res divino cultui consecratae; quod per se facere burgenses debent aliquo ex iudicibus civitatis secum assumto." Sehr ausführlich verordnet Iglau S. 208: „Decrevimus eciam, ne aliquis Magistrorum monete, vel aliquis hominum in domo alicuius civis aliquid querat vel queri faciat, nec eciam falsarios vel falsos denarios, nec eciam pro huiusmodi causis domum alicuius intret, nisi mediante Judice et aliquo Juratorum. Potest tamen, si aliquid talium fuerit, adhibere custodes, donec Judex veniat et Jurati. Si autem monete Magistri, vel aliquis contra formam prescriptam aliquid in domo aliqua aliquid [15]) talium invenerint, vel servi sui, nec reus nec hospes [16]) sibi in aliquo respondebit. Si autem in foro quemquam deprehenderint et Juratos habere non poterint, unum probum hominem vel duos assumat, per eos custodiam adhibendo, ne quid deesse petat suspectus, vel quid sibi adiiciatur per alios, donec Judex seu Jurati adducantur etc." — Nach anderen Aussprüchen ist zwar den Bestohlnen in dieser Beziehung eine grössere Freiheit zugestanden, aber doch dürfen sie die Haussuchung nicht auf eigne Hand vornehmen. Bamberg §. 74: „Man soll auch in keines Burgers haus kein verstolens noch ge-

---

15) Die Worte „aliqua aliquid" fehlen in dem, wahrscheinlich nach einem älteren Texte gemachten Abdruck in den: Jura primaeva Moraviae (Brunnae 1781) p. 81.

16) In der Anm. hinzugesetzt: Id est Dominus domus.

raubts gut weder suchen noch anvangen, es geschee dan mit wissen und Rate der Burger und der Schopfen." (Gerichtsbuch Nr. 58.) Zips 33. Daran reiht sich eine Bestimmung in den goslar. Statuten 40 z. A. Nachdem vorher gesagt ist, dass derjenige als Dieb zu bestrafen sei, der gestohlenes Gut abgeläugnet hat, welches dennoch nachher in seiner Were gefunden wird, heisst es weiter: „Sprikt he aver, it si ime unvitlich, he wille alle sine slot öpenen unde staden to sökende, vint men dat wol, dat ne scadet ime to sinen eren nicht noch to sineme rechte nicht" vgl. Mühlhausen S. 27. 28.

Im brünner Schöffenbuch Nr. 308 ist unter der Rubrik „Qualiter furta sint quaerenda in domibus alienis" der Fall behandelt, dass ein Bürger nach sieben Hühnern, die ihm abhanden gekommen waren, in dem Hause seines Nachbarn Nachsuchung angestellt hatte, dafür aber von dem Nachbarn sehr übel mit Worten behandelt worden war. Der Schöffenspruch schliesst: „Et est circa istum notandum, quod pro pecorum et volatilium perditorum inquisitione, quae ratione carentiae (?), cum non custodiuntur, de loco ad locum currunt et volant, homini domum vicini sui quaerendo, quod tamen pro aliis rebus perditis sine licentia et scitu judicis facere non debet, licitum est intrare."

§. 11.

Die Pfändung und das Besetzen.

Wo in den altdeutschen Rechtsquellen Beschränkungen und Verbote der Pfändung aufgeführt sind, ist diess meistens unter Gesichtspunkten geschehen, die mein Thema nicht berühren, selten ist dergleichen in Beziehung auf den Hausfrieden gesetzt. Aber das Wenige, das sich für meinen Gegenstand ergibt, ist anzuführen [17]. Eine kurze Spracherörterung mag zur Orientirung dienen.

---

17) Ausführlich sind die reichhaltigen Bestimmungen der goslarischen Stat. über Pfändung etc. commentirt von Göschen und von Wilda haben wir eine grosse Monographie über das Pfändungsrecht in der Zeitschrift für deutsches Recht I. S. 167 ff.

Das Zeitwort „besetten“, der Gegensatz dazu „entsetten“, das Substantiv „Besate“ und „Besettinge“ finden sich oft im hamburgisch-lübischen Recht. Hamburg 1270. IX, 10. 11. Billwärder 36. 37. Lübeck II, 148. 149. III, 361. 362. IV, 54. Michelsen, Oberhof Nr. 23. 26. 54 62. (Anm. von Michelsen S. 109.) s. auch Salzwedel §. 41. Bürgerspr. von Bielefeld (Walch III, 74.) Langensalza 55. Die Synonyma sind „bekummern“ und „upholden“. Hamburg 1270. IX, 10. ist das Besetzen ein Bekümmern genannt und damit die Wirkung in dem Gemüth dessen angegeben, dessen Gut besetzt d. h. mit Beschlag, Arrest, belegt wird (Göschen S. 420), wie auch durch die Pfändung ein solches Bekümmern, Kummer, entsteht, daher denn auch bekümmern für pfänden, Kummer für Pfändung, verkummern für verpfänden gebraucht ist (Haltaus p. 129. Kulm IV, 88. 89. Dist. III, 14, 7.) und an manchen Stellen nicht deutlich hervortritt, ob dem Kummer eine Pfändung oder Besetzung zu Grunde liegt oder darunter verstanden ist; aber gewöhnlich ist bekümmern = mit Beschlag belegen (Haltaus p. 1138). Die Ausdrücke Kummer und bekümmern greifen aber noch weiter z. B. Cölln 54: „sein Leib noch Gut bekümmern“, 56, 57. Concordat zwischen Erzbischof Hermann Landgr. zu Hessen und der Stadt Cölln 1506 (S. 117 ff.) Grimm Wsth. I, 652. III, 30. Nicht selten sind sie auch synonym mit Klage und gerichtlicher Ansprache, worin ja auch ein Bekümmern des Angegriffenen liegt, Colmar 11. Grimm Wsth. I, 568. 790. 830.

Die nahe Verwandschaft von „besetten“ und „upholden“ tritt ebenfalls deutlich hervor. Beide Ausdrücke entsprechen dem französischen arrêter und wenn auch häufiger ein Aufhalten der Personen erwähnt wird (s. oben Anm. 14), so ist doch ein Aufhalten von Sachen nicht selten s. Göschen S. 426. Langensalza 55. Aus diesem letzteren Statut erkennen wir auch die Richtigkeit von Göschen's Bestimmung des Unterschiedes der Pfändung und des Aufhaltens von Sachen, dass dieses lediglich dazu dienen soll den Beklagten zur Verantwortung zu bringen, nicht aber dem Kläger Befriedigung zu verschaffen und eine vorläufige Sicherungs-Maassregel ist auch das Besetzen.

Soweit nun das Pfänden, Besetzen und Aufhalten rechtlich gestattet ist, liegt darin keine Verletzung des Hausfriedens, auch wenn diese Handlungen im Hause jemandes vorgenommen werden, aber als eine Störung des Hausfriedens können sie angesehen werden, wenn sie nicht rechtlich erlaubt sind und daher sind sie auch bisweilen in den Rechtsquellen in Beziehung zum Hausfrieden gesetzt.

Ditmarschen 1447 §. 16. geht von einer Umschreibung des Hausfriedens zur Pfändung über: „Ein jeder soll in seinem Hause sicher sein, beides Leibes und Gutes, gleichwie im Marktfrieden, es sei Tag oder Nacht, in so fern er sich selber wohl in Acht genommen hat; ausgenommen Kirchspielspfändung, Bauerschaftspfändung, Geschlechtspfändung, Kluftpfändung oder Gildepfändung, sofern sie in gerechter Sache erfolgt" (Uebersetzung von Michelsen). Es sind also die aufgeführten Arten der Pfändung nicht Verletzungen des Hausfriedens. Im Landrecht von 1539 §. 53 ist der Zusatz von den erlaubten Pfändungen zwar weggelassen, aber §. 92 sind die Geschlechts-, Kluft- und Gildepfändungen aufgeführt.

Wo, wie es oft geschieht (Lübeck I, 49. II, 148. III, 9. Billwärder 35.), vorgeschrieben ist, dass Pfändung und Besetzung nur unter obrigkeitlicher Auctorität vorgenommen werden dürfen, da ist die aussergerichtliche Pfändung durch einen Privaten eine Störung des Hausfriedens. Auf den Schutz, den das Wohnhaus gewährt, ist es auch zurückzuführen, dass in den goslar. Statuten 72, 1 ff. dem Kläger, der seinen Schuldner auf der Strasse antrifft, erlaubt wird, diesen „aufzuhalten" ohne den Richter, die Pfändung im Hause des Schuldners nur vom Vogt mit Urlaub des Rathes vorgenommen werden darf. Auch wenn hier „in sinem hus" für jede Art von Were zu nehmen sein würde, wie Göschen S. 406 meint, aber nicht wahrscheinlich ist, so würde doch immer der Schutz des Hauses sich geltend machen.

Ein Schutz des eignen Hauses ist auch vielleicht darin zu
sehen, dass es in einem magdeb. Schöffenspruch Nr. 42 (Mühler
S. 88) heisst: „Eyn richtir mag vor eynes itzlichis mannes hus
gehen unde mag under deme wirte beseczzen waz her vromdes
gut uf deme hofe hat."

§. 12.

Die Ladung zum Gericht.

Die Beschränkungen und Formalitäten, an welche die Ladungen zum Gericht geknüpft werden, sind zum Theil auf den
Hausfrieden zurückzuführen.

Es war Regel, dass die Vorladungen bei Tage geschehen
sollten (Grimm R. A. 815). Mag diese Regel auch die Rücksicht auf den möglicher Weise nothwendig werdenden Beweis der
geschehenen Ladung mitgewirkt haben, so ist darauf doch nicht
zu viel Gewicht zu legen, da dieselbe durch den Eid des Boten
bewiesen werden (Strassburg 27. Stadtrodel von Murten 35. Memmingen S. 275. Grimm Wsth. III, 531.) oder nach andrer
Satzung jede behauptete Vorladung durch den Eid des angeblich
Geladenen abgeläugnet werden konnte (Göschen S. 384). Der
Hauptgrund lag sicherlich darin, dass die nächtliche Ruhe der
Bewohner des Hauses nicht dadurch gestört werden sollte und
darum ist die allgemeine Regel des deutschen Rechts, dass Son-
nenauf- und Untergang alle Rechtshandlungen bedinge (Grimm
R. A. 395. 815) nicht selten für die Vorladungen speziell wiederholt und darauf ausgedehnt. Freiberg 203 (Walch): „Die Büttel —
sollen einen besessenen Mann vorgebitten, dieweil es schön Tag
ist, und anders nicht, einen Fremden und sein Pferd mögen sie
aufhalten, zu aller Zeit verkümmern oder sein Habe, es sei Tag
oder Nacht." Stadtrodel von Murten a. a. O.: „Tenetur praeco
citare per se vel per suum certum nuntium eos qui ad judicium
fuerint evocandi, quacunque hora super hoc fuerit requisitus, us-
que ad noctis initium cum stellae ceperint apparere. In nocte
vero non tenetur citare aliquem nisi pro commisso noviter fore-

facto." Augsburg (Walch IV, 94): „Man soll auch wissen, dass
die Weibel einem ieglichen Mann wohl mögen fürgebieten bey
der Sunnen, so aber die Sunne ze erst (rest) komt so hat ir
Gebot kein krafft."

Eine Ausnahme von dieser Regel machten die geheimniss-
vollen Ladungen der Femboten, die bei Nacht geschehen konnten,
wofür der Hauptgrund zu sehen ist in der persönlichen Gefahr,
welche diese Ladungen für die Boten hatten (Wigand, Fem-
gericht's S. 509). Kaiser Ruprechts westphälische Gerichtsordnung
1408. §. 6. (Sammlung der Reichsabschiede I, S. 106. 130.
Tross, Sammlung merkw. Urkunden für die Geschichte des Fem-
gericht S. 25. Wächter's Beiträge zur deutschen Geschichte
S. 28. 205. Grimm R. A. 174. 845): „Sitzt der Angeklagte
auf einem Schloss, darcin man ohne Sorge und Abentheuer nicht
kommen möchte: so mögen die Schöppen, die ihn heischen wollen, eines Nachts oder wann es ihnen fügt vor das Schloss rei-
ten oder gehen, und aus dem Rennbaum oder Riegel drei Späne
hauen und einen Königspfennig darein stecken und die Stücke
behalten zum Gezeugniss und den Ladungsbrief in die Kerben
oder Grindel stecken und dem Burgwächter zurufen: sie hätten
einen Königsbrief in den Grindel gesteckt und eine Urkunde mit
sich genommen, und er solle dem, der in der Burg ist, sagen,
dass er seines Rechtstages warte an dem freien Stuhl bei den
höchsten Rechten und des Kaisers Bann."

Die Wirkung des Hausfriedens zeigt sich ferner darin, dass
nach den goslar. Stat. der Büttel, wenn er die Hausthür zuge-
macht findet, nicht daran klopfen, noch dieselbe aufklinken darf,
klopfet aber ein Anderer und öffnet die Thür, so darf er mit
diesem hineingehn und vorbieten (63, 9). Geht der Büttel auf
der Strasse und sieht jemand an dem Fenster eines Hauses, oder
wenn das Fenster so niedrig ist, dass der Bote hineinsehen kann,
jemand in seinen vier Wänden, den mag er vorbieten (64, 3 ff.
Göschen S. 387). Grade diese kleinen Bestimmungen zeigen
eine sorgfältige Rücksicht auf den Hausfrieden. Einen schein-
baren Contrast zu dieser Anordnung der goslar. Statuten bilden

andere Stellen derselben, die vom Vorbieten handeln (Göschen S. 387) und grade die Eigenschaft der bewohnten Privathäuser im Gegensatz zu öffentlichen Wirthshäusern (s. oben §. 3.) als Bedingung des Erlaubtseins der Vorladung geltend machen, was Göschen zu der Bemerkung veranlasst, dass nach diesen letzteren Stellen „das Recht gegen Vorbietung sicher zu sein unter umgekehrten Voraussetzungen statt finde, wie das Recht des Hausfriedens." Es verdient diess eine nähere Betrachtung.

Man unterschied die Ladung persönlich, unter Augen, Mund an Mund, von Mund zu Munde und die Ladung zu Haus und Hof, Ssp. III, 5, 1. 60, 3. Strassburg 26 ff. Augsb. S. 52. 54. 57. Memmingen S. 274. Freysing S. 164. Gerichtsordnung von Adelepsen bei Walch VIII, 20. Grimm Wsth. III. 471. 531. 602. 603. Offnung von Weinfelden 36. in der Ztschr. für schweiz. Recht I. S. 99. Basel G. O. 21. vgl. Maurer's Gesch. des altgerm. Gerichtsverfahrens S. 205. Geib im Archiv des Crim. 1847 S. 383. Eine dritte Art war die Ladung am Gerichte selbst, vor den Schrannen, Augsb. S. 52. 54. 56. 57. Freysing a. a. O. Diese führt schon in das Contumacialverfahren hinein s. Maurer S. 215.

Eine Ladung von Mund zu Mund stand der dreimaligen Ladung zu Haus und Hof gleich, Strassb. 27. Basel G. O. 21. Sah jener Büttel in Goslar von der Strasse aus den Vorzuladenden am Fenster stehen oder durch das niedrige Fenster in seinem Hause und lud ihn, so war das eine Ladung unter Augen; war aber die Hausthür verschlossen, so konnte er eine solche Ladung nicht beschaffen, sondern musste auf die Gelegenheit warten, dass jemand die Thür öffne, was er nicht durfte. War diess geschehen und kam er so in das Haus, so konnte er die Ladung ausrichten unter Augen, wenn der zu Ladende daheim war, wo nicht, nur zu Haus und Hof. Dass er die Thür nicht selbst öffnen durfte, ist auf den Hausfrieden zurückzuführen; gegen die Ladung, wenn sie sonst rechtlich gestattet war, schützt der Hausfrieden überhaupt nicht. In einem Wirthshause konnte ein dort zehrender Gast nur von Mund zu Mund geladen werden, aber wegen des unruhigen Treibens in einem solchen Hause soll diese am Gewicht die Ladung zu Haus und Hof übertreffende Ladung, eben damit sie sicher und fest sei, dort nicht geschehen. Goslar 63, 12. 64, 1.

Gegen den hingestellten Satz, dass gegen eine sonst rechtlich gestattete Ladung an sich der Hausfrieden nicht schütze, treten zwar einige Aussprüche der Rechtsquellen scheinbar auf, betrachtet man sie aber näher, so stossen sie ihn nicht um. Orlamünde 6 (Walch II, 72): „Auch sol kein landknecht adir bottel kein gebod thun in keins burgers huss." Walch hat richtig hervorgehoben, dass hier das Verbot sich nur auf den Landknecht besiehe, dem in der Stadt dergleichen nicht gestattet ist. s. auch Walch II, 112. III, 56. VIII, 92. Grimm Wsth. III, 570. Aehnliche Verbote, die sich auf die Competenzfrage beziehen, finden sich in Betreff des Landrichters oder Bannrichters und Dorfrichters oder Amtmanns häufig in den österr. Weisthümern z. B. I, 8. 9. 10. II, 24. VIII, 7.

Eine deutliche Beziehung auf den Hausfrieden hat noch ein singulärer Fall, der mit den Ladungen in einiger Verbindung steht, die Einforderung des Gatterzinses (Grimm R. A. 75). Ein haidenfelder Weisthum von 1420 (Grimm Wsth. III, 563) bestimmt: „und soll der, der dieselben zinse da sament, den zinss fordern vor dem gattern, und soll des zinses allda warten den tag, dieweil dass er den thürriegel bey tag dannoch gesehen mag, und wird ihme der zins nit uff den tag, so mag er uff den andern tag den zins wol zweyfach nehmen." Grimm fügt als Erklärung hinzu: „mit einbrechender Dämmerung geht er von der Stelle vor dem Hause weg, auf welcher er gewartet hat." Der Zins durfte also nur am Tage eincassirt, aber auch am Tage das Haus nicht zu dem Zwecke betreten werden. Wird aber der Zins am Tage nicht herausgereicht, so tritt dessen Verdoppelung für den zweiten Tag ein. Auch das Stadtrecht von Ulm §. 12. erwähnt eine Abgabe, die über die Thür des Hauses hinausgereicht werden soll.

Viertes Capitel.
Umfang und Grenzen des Schutzes, den das Haus Fremden gewährt.

§. 13.

Allgemeines.

In den Rechtsquellen des mehrere Jahrhunderte umfassenden Zeitraums, den ich vor Augen habe, finden sich über den rubricirten Gegenstand sehr mannigfaltige Aussprüche und neben den Stellen, die in bestimmter Weise einen Schutz verkünden, den das Haus auch Fremden gewähren solle, finden wir bestimmte Verbote hinsichtlich der Aufnahme von Fremden, die zuletzt auf allgemeine polizeiliche Verbote und Beschränkungen [18]) hinauslaufen, wie sie die neuere Zeit kennt (Cölln 69. Walch V, 31. 78. 168. VIII, 37. 94. Oesterr. Wsth. I, 49 ff. 66. 84. II, 18. VII, 21. VIII, 59. X, 60. 69. XIV, 38. XVI, 31 u. s. w.). Die sich verändernden Zeitverhältnisse, unter denen die Obrigkeit eine immer grössere Macht entfaltete, wirkten hier mächtig ein und im Verhältniss zu der sich erhaltenden Idee des Hausfriedens für den Insassen des Hauses wurde der Schutz, den der Fremde in demselben fand, weit früher abgeschwächt.

Aus der Zeit, als noch die Fehde in voller Uebung war, fehlt es nicht an Aussprüchen, welche dem Flüchtigen denselben Schutz zusichern unter dem fremden Dache wie unter dem eignen; mit der Reaction gegen die Fehde musste sich dieses ändern. Juramentum pacis Dei 1085 (Pertz IV, 58): „Si fugiens aliquis inimicum vel suum vel cujuslibet septum intraverit securus ibi sit." Die Eidesformel im Landfrieden Heinrich IV. von 1103 (Pertz IV, 60) schliesst: „Si in via occurrerit tibi inimicus tuus, si possis illi nocere, noceas; si fugerit in domum vel in curtem alicujus, illesus maneat."

Aber auch aus der Zeit, als schon die Fehde nach der alten Weise zurücktrat, fehlt es nicht an Aussprüchen, welche dem-

---

18) vgl. Arnold Verfassungsgeschichte der deutschen Freistädte II. S. 280.

jenigen Schutz verheissen, der auf der Strasse in Streit mit einem Andern oder sonst in Noth gerathen ist und in ein fremdes Haus sich retten will. Eisenach 1283 §. 6. (Gaupp I, 199): „Sextus modus libertatis protestatur: si aliquis burgensium, quacunque necessitate ingruente, domum vel curiam comburgensis sui intraverit, in fugam conversus, illaesus et absque omni gravamine intus manebit." Burgdorf Handfeste 1316 §. 185. Bamberger Gerichtsb. n. XCII. §. 5. (Zöpfl S. 159) Orlamünde 3. Ofen 229. Zips 31. Oesterr. Wsth. I, 16. II, 13. IV, 8. IX, 16. XX, 99. Bei manchen solchen Stellen in städtischen Rechtsbüchern ist zwar nicht unberücksichtigt zu lassen, dass die Eigenschaft des Asyls grade dem Hause des Bürgers beigelegt ist, der, wie sonst, auch hierin bevorzugt werden sollte (vgl. Haimburg S. 56 a. E. Bamberg §. 187 ff. 263. 264. Zöpfl S. 157), aber das Asyl des Bürgerhauses führt doch direct auf den Hausfrieden hin. Dagegen gehört der Schutz, den, ausser den Kirchen und Kirchhöfen, Freihöfe und andere Freistätten (z. B. Grimm Wsth. I, 335. 598. 652. 673. 675. 679. 682. 684. 689. 703. 846. II, 73. 546. 608. III, 716. Schauberg I, 162. 171) den Flüchtigen gewährten, nicht in den Bereich des Friedens des bewohnten Hauses an sich [19]).

Die Bedingungen und bedeutenden Beschränkungen, denen

---

[19] Ueber die Freistätten und das Asylrecht des deutschen Mittelalters ist in den Rechtsquellen ein sehr grosses Material enthalten, aber nur noch zum kleinsten Theile benutzt. Am meisten ist das Asyl der Kirche besprochen. (R. Dann, über den Ursprung des Asylrechts und dessen Schicksale und Ueberreste in Europa in: Ztschr. für deutsches Recht Bd. 3. Bulmerincq das Asylrecht und die Auslieferung flüchtiger Verbrecher. Dorpat 1853.) Ohne Werth ist in Betreff des deutschen Mittelalters das von Hélie, traité de l'instruction crim. II, p. 641 ff. Gelieferte. Im Vorübergehen berührt den Gegenstand Berner, Wirkungskreis des Strafgesetzes §. 41. Es fehlt den kürzeren wie längeren Bearbeitungen die durch genaues und umfassendes Studium der Quellen gewonnene Grundlage, durch welche die kurze Skizze in Grimm's R. A. 886 ff. so reich ist.

der Schutz, welchen das Haus Fremden gewährte, unterworfen war und im Laufe der Zeit in zunehmendem Maasse unterworfen wurde, werden sich am besten disponiren lassen, wenn ich zuvor einen Grundsatz hervorhebe, der so vielfach als eine Hauptbedingung angeführt ist, nemlich dass der Wirth für den in sein Haus Gekommenen einstehe und antworte. Die angeführte Stelle aus dem Rechtsbriefe für Eisenach lautet weiter: „sed hospes domus pro ipso respondebit, seu ipsum ad censuram justitiae reformabit" und die Stelle aus der burgdorfer Handfeste: „Et hospes domus in cujus domum ille fugerit aut ierit, debet pro eo, si aliquid mali fecit respondere, vel eum judici praesentare." Solothurn S. 414: „Et sciendum, quod si quisquam in causa hujusmodi (homicidio etc.) delinquens ad domum alicujus civis confugerit, de domo violenter extrahi non debet, dum tamen is, ad domum cujus fugerit, velit ac possit pro ipso in judicio respondere et ad hoc idoneus inveniatur; verum si minus idoneus inveniatur per judicem, extrahi potest, dum tamen nulla hospiti laesio irrogetur, quod etiam in idoneo servandum est, qui nollet pro fugitivo respondere." Regensburg S. 73. 74. — Klagenfurt §. 9. Passau 1225. §. 13. 1300. §. 21. Rain §. 3. Sanct-Veit §. 8. Schweidnitz 1328. §. 60. (sämmtlich bei Gengler). Salfeld 3. Frankenhausen IV, 80. Greussen 76. R. A. zu Nördlingen 1466. §. 2. (Sammlung I. S. 201). Grimm Wsth. III, 598.

Mit jenem Grundsatze hängt die eben so häufig vorkommende Satzung zusammen, dass, wer demjenigen den Schutz seines Hauses verleiht, den er nicht schützen darf, in die gleiche Strafe oder Busse verfällt, die seinen Schützling trifft oder treffen würde. Henrici IV. const. pacis Dei 1085 (Pertz IV. 59). Henrici regis treuga 1230. §. 8. 13. 17. (ibid. IV, 267). Rudolfi I. const. pacis gen. 1281. §. 19. (ibid. IV, 428). Sammlung der R.A. I. S. 93. §. 20. S. 94. §. 28. S. 98. §. 14. S. 154. §. 10. Handfeste von Freiburg im Uechtlande §. 19. 49. 51. Burgdorfer Handfeste §. 99. 101. Lüneburg S. 27.

Die letztere Satzung führt zu der allgemeineren Regel

hin, die freilich ihre Ausnahmen hat (Zöpfl S. 129.), dass nicht nur der Gehülfe bei einem Verbrechen (Ssp. II, 14, 6. Goslar 38, 16. 24 ff. Dist. IV, 9, 1. Schwsp. 301. med. Brünn Stadtr. 218. Cölln 70. Grimm Wsth. I, 543. §. 70.), sondern auch die Begünstiger des Uebelthäters, vornemlich, aber nicht bloss die Diebshehler, dem Thäter gleichgestellt sein sollen. Pertz IV, 317. §. 14. 434. §. 13. 451. §. 35. 36. 579. §. 13. Colmar 1. Dist. IV, 9, 2. Brünn Stadtr. 218, Schöffenbuch 549. Prag Rechtsb. 35. Cölln 70. Breisach §. 3. (Gengler S. 42). Bisweilen geht die Strenge so weit, dass derjenige, welcher ein Verbrechen nicht verhindert hat, dem Verbrecher gleich geachtet wird, Kaiserrecht II, 58. 59. Freysing S. 174. 175, so wie auch derjenige, welcher sich lässig zeigte für die Nacheile und Ergreifung eines Uebelthäters, Oesterr. Wsth. CLIII, 5: „welcher sich aber des setzt und dem amptman auch der gemayn in obberäerten sachen nit zu hilff köm, und der übeltätter dadurch entgieng, der scholl dem prelaten der gemayn leib und guett vervallen und mit im handlen als mit dem, der solich ubel tan hatt." Diese Drohung lehrt deutlich, wie damals, als die Polizeigewalt noch nicht die heutige Organisation hatte, für alle Gemeindeglieder eine weit grössere Verpflichtung bestand als in neuerer Zeit, der Obrigkeit in der genannten Beziehung beizu- -stehn und bei ihrer Bürgerpflicht sich als Förderer des gemeinen Wohls zu zeigen. (Kaiserrecht II, 19. 62. Hamburg 1270. IX, 24. Frankensausen IV, 25. Salzburg Landtäding bei Walch II, 160.) Daher war auch die Denunciationspflicht der Bürger in Fällen, die das gemeine Wohl betrafen, weit grösser. (Kaiserr. I, 13. II, 67. Salzburg a. a. O. S. 170. Oesterr. Wsth. IX, 87. 88. Stadt- und Amt-Buch von Zug 1566. §. 126). Wenn grade die Rechtsbücher der schweizerischen Urcantone eine solche Pflicht zu denunciren (leiden) häufig aussprechen, so geht daraus hervor, dass jeder Bürger als integrirender Theil des Gemeinwesens dieses nach Kräften zu vertreten und zu schützen hatte und dass és der Vorstellung der alten Zeit sehr fern lag, in einer Denunciation bei wirklicher Gefährdung und Verletzung des gemeinen Interesses etwas Gehässiges zu sehen.

§. 14.

Friedbrecher und missethätige Leute.

In verschiedenen Landfrieden ist, um dem Frieden mit Strenge Realität zu verschaffen, das Verbot bei strenger Ahndung wiederholt, die Friedbrecher oder „Ueberfahrer solchen Friedens," also diejenigen, welche den bestimmten Satzungen der Landfrieden zuwider gehandelt hatten durch die verschiedenen Aeusserungen der zu beseitigenden Fehde, zu beherbergen. Pertz IV, 61. Lehmann's Chronik von Speier S. 767. 771. 797. 798. Sammlung der Reichsabschiede I, S. 245. 262. 276. So ist auch in dem nordfriesischen Recht 1426 Art. 6. 77. (Dreyer verm. Abhandl. I, S. 477) jedem, bei Androhung, dass ihn im Uebertretungsfalle dieselbe Strafe wie den Thäter (Handdädige) treffen solle, verboten, einen zu hausen oder zu halten, der den Haus-, Deich- und Pflugfrieden gebrochen habe.

Ein temporärer Schutz wird dem Bürger, der einen Friedensbruch gethan hat (Göschen S. 292.) und in ein fremdes Haus geflüchtet ist, in den goslar. Stat. 34, 13 ff. zugestanden: „Det en börghere ene vredebrake unde vlüt in en hus dar he nicht inne ne wonet, besit ine de kleghere unde sine vrunt dar inne unde de voghet dre daghe und dre nacht, dar na möghen se ene ut deme hus nemen und mit ime don dat recht si: kumt he dar binnen in en ander hus, dat hevet dat selve recht." (Göschen S. 438. 509).

Dass derjenige, welcher den Frieden durch Raub gebrochen hat, keinen Schutz finden soll unter dem fremden Dache, sagt Ssp. II, 73. §. 1. Weichbild art. 108. (Thüngen). Ausser dem Raube, der „adlichen Büberei," wie ihn Schwarzenberg nennt, sind Brand und Mord als gewöhnliche Aeusserungen der Fehde und als Friedensbrüche in den Landfrieden speciell aufgeführt; sodann sind aber auch die sämtlichen Friedebrecher mit dem Gesamtnamen „missethätige und schädliche Leute" bezeichnet und sind grade in den Verboten „zu hausen und zu hofen" in den Landfrieden diese letzteren Titel gebraucht s. Sammlung der R. A. I, S. 88. 98. Lehmann's Chronik S. 830.

Die Namen „missethätiger und schädlicher Mann" sind in den Rechtsquellen dieser Jahrhunderte, ausser den Landfrieden, sehr gewöhnlich für Verbrecher, welche letztere Bezeichnung zwar schon vorkommt, aber nicht in der später üblich gewordenen und jetzt gangbaren Bedeutung (Grimm R. A. 623), sondern „verbrechen" (eigentlich = entzwei brechen) ist = übertreten ein Verbot oder Gesetz [20]) s. Bamberg Gerichtsb. Nr. XCVIII, §. 1: „wer das Gebot verbricht," C. CIII. CXII: „das Gebot bricht" Grimm Wsth. II, 111. 187. (Holzfrevler) 231. 546. 633. III, 820. 824. 830. Die Gebote und Verbote, welche verbrochen, gebrochen d. h. übertreten wurden, können solche sein, deren Uebertretung gar nicht in das Strafrechtsgebiet gehörten, wie z. B. im bamberger Gerichtsb. XCVIII. §. 1. das Verbot, einen Fuhrmann, der Wein bringt, zu Nacht aufzunehmen, aber auch solche, welche in das Criminalrechtsgebiet hinüberführen und so fehlt es denn auch nicht an Stellen, an denen Verbrecher und Verbrechen auf ein schweres Delict hinweisen; nur wurden diese Worte noch nicht ausschliesslich dafür gebraucht. Grimm Wsth. II, 73. (1486): „Item were es sach, dass ein missthätig mensch, der baussent der freyheit verbrochen hette." II, 114: „es treffe an rauberei, mörderei, dieberei, zauberei oder dergleichen, also da iemandts hierin verbreche." II, 556. 608: „einer das Leben vermacht hatte — denselben verbrecher" (1489). I, 642: „ein missthedig mensch — seinem verbrech nach" (1534).

In einem Weisthum von 1458 (Grimm II, 23. vgl. III, 716) heisst es: „der scheffen ist auch gefraget, was ein ubeltedig man sy? der spricht: es sy ein man, der der funfterhande dinge eins duhe, zu wissen diepstal, mort, nachtbrant, notzucht und meisselwunden." Vorzugsweise sind aber die missethätigen oder schädlichen oder ähnlich bezeichneten Menschen (übeltädig, überthedig, untedig, ungerecht, unrecht, unfertig, boshaftig, freisig etc.) Diebe und Räuber, daher (wie in

---

20) Weigand Nr. 1839 Anm.

der lex Sax. p. 18. Merkel: latrones et malefactores) die Ver-
bindungen: einen Diep und untedigen Mann (Grimm Wsth.
III, 459), Dieb und unfertige Leut (daselbst I, 708) u. dgl.
und daher finden wir neben den Verboten missethätige Menschen
zu beherbergen die Verbote Räuber und Diebe zu hausen und
zu hofen. Dabei ist in der Regel hervorgehoben, dass nur derjenige straffällig oder verantwortlich werde, der es wissentlich
thue; es konnten aber in jenen Zeiten in sehr vielen Fällen die
Missethäter leicht als solche erkannt werden, weil, wenn sie
einmal verurtheilt waren, sie der künftigen Erkennbarkeit wegen
deutlich gezeichnet wurden. Goslar 37, 15 ff.: „Wert en büdel-
snidere begrepen mit minnerer dat denne vif schillinge wert, de
enes dumen oder der oren nicht ne hevet oder dor de tene ghe-
brant is oder sodane tekene de misdadighe lüde pleghet to heb-
bende an sich hevet etc." Durch solche grausame Maassregel
wurde denn in vielen Fällen die etwaige Einrede des Beherbergers die Eigenschaft des Beherbergten nicht gekannt zu haben,
beseitigt.

Die Verbote, missethätige Menschen, Räuber und Diebe
zu beherbergen, die also in diesem einen Hauptpunkte mit einander übereinstimmen, haben doch im Weiteren nicht dieselbe Be-
schaffenheit:

1) Goslar 36, 36. 88, 21: „Holt en man enne misda-
dighen man up [21]) in sineme huse, de schal it deme voghede
kündighen so he erst mag: lete he dat benachten, dar mot he
deme richtere umme wedden." Dist. IV, 9, 7.

2) In einer ditmarscher Landesverordnung 1543. §. 7.
(Michelsen S. 193.) ist ausser dem Verbot, Mörder, Diebe
und andere Missethäter zu hausen, hegen, herbergen, Speise und
Trank reichen und ihnen etwas zu verkaufen, die Verpflichtung
dieselben handfest zu machen bei höchster Busse anbefohlen.

3) Am strengsten ist Ofen 272: „Wer der ist, der posz
lewt mit wissen hegt ader herberigt, es sey dip, rauber, morder,

---

21) Ueber „upholden" s. oben Anm. 14.

felscher, verrether, oder wye dy ubil tethir perüfft seyn; so ist
seyn recht in aller weisz, als seyner geste, dan das man pe-
fragen sol czwen seyner keigen nachparn und czwen seyner pey
nachparn. Nach der selben pekentnusz mag man ym mynner
ader meher zu setczen. Vorfelt er denn den galgen, so hat er
das forteil, das man yn sol hoer hengen den seyn geste." Ueber
den Vortheil des Höhergehängtwerdens, der bei allem Ernst, den
das Erhängtwerden überhaupt hat, am Humor streift, wie er im
Gebiet der mittelalterlichen Strafen nicht selten ist [22]), verbreitet sich mit Verweisung auf Grimm R. A. 684. die Anmer-
kung zu jener Stelle s. auch Lübeck II, 83. not. 8. Ueber die
Gleichstellung des Beherbergers und Hehlers missethätiger Leute
(oben §. 13. S. 41.) s. Lehmann Chronik von Speier IV,
17. a. E. Hagenau 13. (Gaupp I, S. 98). Brünn Stadtr.
218. Cölln 70. Magdeb. Wsth. Nr. 18. — Das Landbuch von
Schwyz S. 81. sagt von dem, der einen Brandstifter hauset und
hofet, zu essen oder zu trinken gibt: „der soll in denselben
schulden sin, an des allein, dass es ihm nit an den lib gan
soll."

Speciell wird auch dieses Verbot erstreckt auf die Gast-
wirthe und ähnliche Leute. Regensburg S. 25. München 1347.
Art. 266.

Im Gegensatz zu den genannten Leuten, die niemand beherbergen darf, bestimmen österr. Weisthümer: „Wenn einer
um erbar That und Sach flüchtig würde in eines frommen Mannes Haus, mag ihm der Wirth aushelfen, darum ist er niemand
nichts schuldig" LI, 17. LII, 25. LXIII, 26. LXVI, 10: „—
kommt aber ein Uebelthäter einem aus seinem Haus ohn
sein Wissen, der ist auch niemand darum pflichtig." CXI,
12. CXCV, 25. CCIV, 28 ff. In diesem letzteren Weisthum tritt

---

22) Z. B. Grimm Wsth. II, 809: „den (missededer) sol man füren
    zu Trier in Brücker hof, do soll man in stellen in den stock
    und im ein schellings broit mit einer schnoir vorhenken und ein
    pint wassers, und sol in do laissen sitzen, bis er gestirb, dan sol
    man sine schinken namen und sol sie über die muren werfen."

der Gegensatz der Aufnahme eines Menschen, der um ehrbarer Sache flüchtig geworden und der Beherbergung eines schädlichen Mannes am stärksten hervor; für die letztere ist Strafe an Leib und Gut gedroht. Die hiernach sich ergebende Regel macht zwar einige Schwierigkeit, wenn eine Spezialisirung der ehrbaren Sachen gefordert würde, allein wir greifen wohl nicht fehl, wenn wir dahin rechnen ausser den bürgerlichen Schuldsachen diejenigen Vergehen, deren Bestrafung die Ehre des Menschen unberührt lassen. Diese Delicte können immerhin schon sehr schwere sein. Leobschütz §. 34: „Item, in quacunque honesta causa vir aliquis vita vel rebus meruerit condempnari, tercia pars omnium bonorum suorum legitime cedet suae uxori, quatuor criminibus exceptis, praeda seu incendio, homicidio et crimine falsi."

Man könnte geneigt sein, die Fälle, in denen das Haus den Flüchtigen keinen Schutz gewähren sollte, aus dem Namen „Ungerichte" zu entnehmen und sich auf Dist. IV, 45, 6. zu berufen, wo gesagt ist, dass Leute, die Ungerichte begehen, keinen Frieden haben „weder in husern noch in hofe, in kerchen noch in kerchoven," aber, abgesehen von der sehr verschiedenen Angabe über die Ungerichte in den Quellen, gestattet der Schwsp. 152 nicht, darnach eine feste allgemeine Regel zu bilden (s. den Text dieser Stelle oben §. 10. vgl. Kulm V, 42). Nach dieser Stelle des Schwsp., welche den Gegenstand so ausführlich behandelt, ist als Ergänzung und Erklärung zu der aufgestellten Regel, dass das fremde Haus Flüchtigen, mit Ausnahme der missethätigen und schädlichen Menschen, Schutz gewähre, hinzuzufügen, dass ihr Schwerpunkt zu sehen ist in dem Schutze, den das Haus dem Fremden gegen Privatgewalt gewährt, dass dagegen der Hauswirth dem Fremden gegen die Obrigkeit nur einen temporären und bedingten Schutz darbieten kann, wie ihm ja selbst sein Haus keinen absoluten Schutz gewährt (§. 9). Den Schutz gegen Privatgewalt schliesst auch die angeführte Stelle aus dem Rechtsbuch nach Dist. nicht aus, welche damit schliesst: „do sucht das gerichte wol mit volbort." Dafür, dass der Nachdruck auf die Privatgewalt und die Privat-

angriffe der Feinde und Verfolger des Flüchtigen zu legen sei,
spricht auch der Ssp. III, 78. §. 7, wo die Sache kürzer als
im Schwsp. behandelt ist: „Sime wechverdigen gesellen. unde
sime gaste. unde sime werde dar he geherberget is. unde we to
sinen genaden vlüt deme scal he helpen. dat he sik unrechter
not weder aller manlike irwere. unde en deit weder sinen trü-
wen nicht." vgl. Prag Rechtsb. 194. Beide Stellen, die des Ssp.
und des Schwsp. zeigen auch den Zusammenhang des fraglichen
Schutzes mit der Gastfreundschaft oder „gastlichen Liebi," wie
es in der Rubrik des Artikels im Schwsp. so schön gesagt ist.
vgl. Juram. pacis Dei 1085 (Pertz IV, 58. 59). Grimm R.
A. 399. 400.

Dass das Haus dem Fremden Schutz gegen Privatgewalt
im Gegensatz zu dem ordnungsmässigen Einschreiten der Obrigkeit gewähre, also gegen Gewalt, nicht gegen Recht, zeigen auch
übereinstimmend folgende Stellen aus Rechtsquellen verschiedener Orte: Augsburg S. 28. München 1294. §. 33. Salzwedel
§. 32. Altenburg 27 (Gaupp I, 212) Bodenwerder §. 32 vgl.
mit §. 40. Gräfenthal §. 8 (Gengler S. 166) Brünn Schöffenb. N. 602. Ofen 229: an das gericht.

§. 15.

Der Todschläger.

Mehrfach ist des Schutzes besonders Erwähnung geschehen,
den ein Todschläger im fremden Hause finde und man könnte
geneigt sein aus einigen gleich anzuführenden Stellen zu schlies-
sen, dass ihm auch der Obrigkeit und dem Rechte gegenüber
ein weitgreifender Schutz gewährt sei. Nun ist es zwar bekannt,
dass, wo zwischen Mord und Todschlag unterschieden wird, im
deutschen Mittelalter der Todschläger vor dem Rechte anders
behandelt ist als der Mörder, allein das Recht erging auch
über ihn. Der oben §. 8. angeführte Rechtsbrief für Cassel
S. 239 sagt von dem in ein Bürgerhaus geflohenen Todschläger:
„ab omni violenta impetitione securum. esse volumus." Vgl. die
oben §. 13 angeführte Stelle aus dem Rechtsbrief für Solothurn
Setzen wir damit in Verbindung das Statut des Städtchens

Wiehe (Walch III, 56): „Auch ob ein Mann thete einen Todtschlag und käme in eines Bürgers Hauss, der Thäter soll kein
Gewaltiger noch Herre begreiffen noch waldigen im Hausse, sondern er soll den Bürger seine Hauss Ehre lassen." Aber hier
heisst es sogleich weiter, dass ein Herr oder ein Gewaltiger von
eines Herrn wegen, den Gast auf des Bürgers Hause gewinnen
solle (Haltaus p. 714), als ein Recht ist, und dass der Werth
dadurch seiner Hausehre (oben §. 6) nicht beraubt werde. Darnach ist auch das „ab omni violenta impetitione" in dem obigen Rechtsbriefe zu urgiren. Dass und wie in solchen Fällen
das Recht seinen Gang nahm, veranschaulicht besonders Orlamünde §. 4 (Gera §. 33): „so magk der richter nachfolgen vor
die thür daselbist sal her dann bencke setzin und ein gerichte
bestellin und den theter uss des burgers huse gewynne mit gerichte und rechte." Hier ist dem Richter in formeller Hinsicht
eine Schranke gesetzt, die noch einen Schutz des Hauses auch
ihm, dem Vertreter des Rechts gegenüber kundgibt, aber das
Recht muss Geltung erlangen. Hinsichtlich des vor der Thür
des Hauses gehegten Gerichts, welches auch Dist. II, 3, 2 vorkommt, verweist Walch auf die alte Sitte die Gerichte im Freien
zu halten.

Einen temporären Schutz, den das eigene oder fremde Haus
dem Todschläger auch den Angriffen der Obrigkeit gegenüber
gewähre, statuirt gleichfalls Mühlhausen z. A. (s. oben §. 9),
aber der Todschläger wird vor Gericht geladen und erscheint
er nicht, so folgt das Contumacialverfahren. Das Stadtrecht von
Nordhausen §. 27 (s. oben §. 10) gestattet auch dem Richter, das betreffende Haus zu besetzen und noch weiter geht
das Recht von Meiningen (Grimm Wsth. III, 598), wo aber
„Todslehe" in der Zusammenstellung mit Verrätherei, Brand
und Geleitsbruch nicht dem Morde entgegengesetzt sein kann
(vgl. Leobschütz §. 34).

Im bamberger Stadtrecht Tit. 17: „Von den friden in den
heusern als der von alter her chumen ist," wird dem, der eines
noch nicht abgeurtheilten Mordes wegen, um Frieden zu erlangen, in eines Bürgers Haus flieht, dieser Frieden zugesagt, aber

nicht die Sicherheit vor dem Einschreiten des Gerichts (Zöpfl
Einl. S. 157). In diesem Stadtrecht kommt aber nur das Wort
„Mord" vor, nicht „Todschlag" und im Gerichtsbuch (Anhang V)
werden Mord und Todschlag promiscue gebraucht (Zöpfl S. 113),
daher dürfen wir §. 187 ff. das Wort „Mord" nicht als Gegensatz zum „Todschlag" urgiren.

Dass ein erbarer Mann einen in sein Haus geflohenen Todschläger, „der die Manschlacht gethan hat," forthelfen darf,
ohne aber den rechtlichen Maassregeln in den Weg zu treten,
bezeugt auch österr. Wsth. I, 27. vgl. CXXXVI, 6. CLI, 4.

§. 16.

**Echter und Vervestete, Verwiesene und der Stadt
Feinde.**

Ein allgemeines Verbot Echter zu beherbergen, ohne
Strafsatzung, ist enthalten in einer const. Henrici I vom Jahr
1231 (Pertz IV, 282): „Item in civitatibus nostris nullus
terrae dampnosus, vel a judice damnatus vel proscriptus scienter
recipiatur; recepti convicti eiciantur." vgl. Iglau S. 220. Weit
häufiger ist aber ausgesprochen, welche Folge denjenigen treffen
soll, der einen solchen bei sich aufnimmt. Je nach der grösseren oder geringeren Schwere dieser Folge lassen sich die betreffenden Stellen in zwei Classen sondern und wegen einiger
Besonderheiten werden die österr. Rechtsquellen passend in eine
dritte Classe gestellt.

I. Augsburg S. 84: „Man sol auch wizzen, daz der ähter
niendert keinen fride hat." Schwsp. 108: „do man in in die
ahte tet. do nam man in uz dem vride." Soest §. 20: „pro-
scribetur, quod vulgo fretheles dicitur." Aus der Friedlosigkeit
erklärt es sich, dass das Haus des Echters niedergerissen (Augsb.
S. 105. Soest a. a. O. Weichbild XLI, 2. Dan.) und ihm so
die letzte Zuflucht da genommen wurde, wo Menschen wohnen,
so dass er im Walde und im Gebirge (Grimm R. A. 733. 735)
sein ruheloses Leben fristen musste. Sein eignes Haus ist zerstört, oder, wenn dieses auch nicht allgemeine Sitte war, es
existirt für ihn, den Verfolgten (s. oben §. 9) kein eignes

schützendes Dach und unter einem fremden Dache darf er keine
ruhige Stätte finden; wer ihn aufnehmen wollte, stellte sich zu
ihm in eine Gemeinschaft, die er mit Menschen nicht haben
durfte und das Recht stellte jenen dem Geächteten gleich. Dieser strenge Grundsatz der Gleichstellung, den wir überhaupt als
einen weitgreifenden im Rechte des deutschen Mittelalters finden
(oben §. 18), bildet für das in Rede stehende Thema die Regel
und eine Consequenz ist die hie und da vorkommende Bestimmung, dass, so wie dem Echter, auch dem Beherberger des Echters sein Haus zerstört werden soll. Oesterr. L. R. 1280. §. 52:
„Wir seczen und gepieten, wer ain Achter wissenlich oder 'ain
überseilen [29]) man behältet, des Haus sol der Lantrichter und
der Marschalich gar verprennen.“ Regensb. 1230. §. 2: „vel
quod in ea servavetit proscriptum, propter quod domus sua destrui deberet.“

Ausser dieser speziellen Anwendung jenes Grundsatzes tritt
derselbe als ein allgemein verbreiteter vielfach auf. Pertz IV,
59. 102. §. 4. 5. 234: „Item quaesivit et obtinuit, quod quicunque aliquem proscriptum vel banitum postquam a suo iudice
fuerit denunciatus et interdictus receperit, et consilium vel adiutorium dederit, eandem penam in persona, domo, ac rebus aliis
pati debet et subire, quae ipsi proscripto seu banito de iure debetur.“ (1219) IV, 268. §. 17. 317. §. 13. 434. §. 14. 438.
§. 14. 451. §. 36. 452. §. 40. 580. §. 14. Augsburg S. 63.
64. Grimm Wsth. I, 345. Bremen I, S. 40. 391. II, 543. Lüneburg.S.26. Femarn §. 10 vgl. mit §. 33. Zuger Malefiz-Ordnung
(Zeitschrift für schweiz. Recht I, S. 64. vgl. S. 7).

Die strenge Folge trat für den Beherberger des Echters
nur ein, wenn er ihn wissentlich beherbergt hatte; diess he-

---

29) „Uebersaiter Mann“ auch §. 48. Landfrieden Rudolf I. von 1287.
§. 41. Prag. Stat. §. 41. Jäger's Ulm S. 312. — Schmeller
III, 207: „übersagen, einen = ihn überweisen mit Zeugen, mit
Eiden, besonders ihn eidlich als einen Land und Leuten schädlichen Mann erklären.“ Haltaus p. 1822. Budde, über Rechtlosigkeit S. 156.

ben ausser den angeführten Zeugnissen viele andere hervor z. B.
Ssp. III, 23. Augsb. S. 64. 65. München 1347. Art. 367. Wie
die Kunde der geschehenen Aechtung verbreitet wurde, zeigen manche Stellen. Glockengeläute that die geschehene Vervestung kund,
Billwärder 62. Es wurden dahin, wo der Echter sich aufhalten
könnte, Schreiben gesandt, „per quas denuncietur omnibus, quod
excommunicatus est, et quod cum eo communicare nulli licitum
est" (Pertz IV, 56). Es wurden auch die Echter, die vervestе-
ten und die verzellten Menschen offiziell verzeichnet (Achtbuch),
Pertz IV, 318. 483. Billwärder 63 mit der Anm. von Lappenberg. Freiberg 137 (bei Walch). Grimm Wsth. I, 543. Thurgau (Ztschr. f. schweiz. Recht I, S. 46). Schlettstadt §. 4 (Gengler S. 416): „und man soll ihn verschrieben und berauben
aller fryheide" vgl. Michelsen Ditm. S. 315. Thomas,
Oberhof zu Frankfurt a. M. S. 29. Anm. Jäger's Ulm S. 303.
Budde, über Rechtlosigkeit S. 153. Dabei war denn aber doch
das Nichtwissen der die Gastfreundschaft ausschliessenden Qualität des Geächteten leicht möglich, zumal da es gegen die ge-
heiligte Sitte gewesen wäre den einkehrenden Fremdling nach Namen und Herkunft zu fragen, bevor er mit Speise und Trank sich
gesättigt hatte. Für den Beweis der Thatsache des Wissens oder
Nichtwissens findet sich daher in mehreren der angeführten Stellen die Regel, dass der der Beherbergung eines Echters Beschul-
digte sich entreden mag mit sieben sentbaren Mannen, dass er
nicht gewusst habe, dass jener ein Echter sei, Pertz IV, 317.
438. 451. 580. Nach anderen Zeugnissen ist aber dieser Beweis
leichter zu führen. Während der Beherberger eines Echters der
wissentlichen Beberbergung „bewärt" werden kann „selbe dritte"
(Augsb. S. 64. Schwsp. 137 med. 283), mag ein biderber
Mann das Nichtwissen „bereden mit sin eins Hant" (Augsburg)
oder wie der Schwsp. sagt: „der swer dez zen heiligen und si
ledic." Ssp. III, 23. Hamburg 1270. X, 2. Passau §. 14. Goslar 59, 32. Wien 1221. §. 23. Wiener Neust. §. 58.

Der obige Grundsatz der Gleichstellung des Beherbergers
eines Echters mit diesem ist auch geltend gemacht, als Heinrich
VII. im Jahr 1309 über Herzog Johann von Oesterreich und

Genossen, als Mörder des Königs Albrecht I. die Reichsacht verhängte: „Es ist auch vor uns erteilt nach den cheyser geschriben reht und mit gesammenter urteil, swer die vorgeschriben verzalten leut gehouset und gehovet und bei im behalten hat, do er den selben mort vor wesset, seit der zeit daz si den mort taten an dem Romischen chunig Albreht seligen, unserm vorvar des riches, daz die in die selben schuld gevallen sint, als die, die umb den selben mort verzalt sind." (Pertz IV, 497).

Die Beherbergung des Echters betreffen mehrere Stellen des Schwsp., die sich ergänzen, aber auch in einigen Punkten von einander differiren. §. 152: „und hat ioch ein man ein ungeriht getan und fliuht zu eins mannes hus und ist er in der aehte niht er sol in lan und sol sin tur zu sliezen etc. (s. oben §. 10). §. 137: „Swer den aehter huset oder hovet in steten oder uf burgen oder swa man si beschirmet mit wizzen und ist er vierzehen tage in der aehte gewesen die sint alle mit der selben schulde begrifen bi den der aehter ist etc." (Ruprecht Freys. I, 97). Die hier erwähnten vierzehn Tage der Dauer der Acht haben wohl theils Beziehung auf das Kundwerden derselben, allein ihr Ablauf hindert doch nicht das Abschwören des betreffenden Wissens; theils und besonders steht diese Frist in Beziehung zu der Möglichkeit für den Aechter, sich aus der Acht noch zeitig heraus zu ziehen, dadurch, dass er sich dem Gerichte stellt [24]), Schwsp. §. 107. 108. 109. 277. 285. An zweien dieser Stellen, 109 und 285 sind grade vierzehn Nächte erwähnt. vgl. Ssp. III, 34. §. 5. — Mehr Schwierigkeit macht Schwsp. 283: „Swer den ehter berberget oder spiset mit wissende und wirt er sin über rehtet selbe dritte. wen sleht im die hand abe. einen iegelichen ehter mag ein man wol behalten über naht. ouch mit wissende. unde sol in dez morgens lan riten. Diz ist gesetzet durch dez mannes hus ere. von der hus ere ist vil guter dinge komen" (Ruprecht Freys. I, 186). Die

---

24) Die vierzehn Nächte waren häufige Intervallen für die gebotenen Dinge s. Maurer, Gesch. des Gerichtsverf. S. 159. Grimm R. A. 821. vgl. Kaiserr. II, 15. Kulm I, 25.

beiden Stellen §. 137 und §. 283 differiren also in zwei Punkten: 1) darin, dass in der ersten Stelle die gewöhnliche Gleichstellung des Beherbergers eines Echters mit diesem ausgesprochen, an der zweiten aber jenem der Verlust der Hand gedroht ist, während es nach der ersteren Stelle ihm möglicher Weise an den Hals gehen konnte; 2) darin, dass man nach der zweiten Stelle, zu der noch §. 16 kommt, den Echter eine Nacht (vgl. Goslar 88, 22) beherbergen durfte, wofür der Grund sogleich hinzugefügt ist: die Hausehre, die in der Gastfreundschaft eine Blüthe hat, wird dadurch gewahrt, aber ein Hausen und Hofen in dem gewöhnlichen Sinne liegt darin noch nicht, so wenig wie in der Hülfe, welche nach dem Landfrieden Rudolf I. von 1281. §. 37 (Pertz IV, 420) der Hauswirth dem Echter gewähren darf und soll: „Schwelich echter chumbt fluchtiger in eins mannes hous, des houses herre sol im helfen, daz er an schaden da uz chome, unde darumb sol er niht in der echte sein."

II. Eine mildere Behandlung des Beherbergers eines Vervesteten findet sich im Ssp. III, 23: „We herberget unde spiset enen vorvesteden man witlike. he mot dar ümme wedden. Enwet he is aver nicht he entredet dat gewedde mit siner unscult." Dist. IV, 21, 17. Thurgauer Landgerichtsordnung in der Ztschr. für schweiz. Recht I, S. 50. Hamburg 1270. X, 2. 1292. N. 2. 1497. M. 15. Streng ist dagegen Billwärder 62: „unde dat en neen man muse edder hove by syneme levende." Vom Ssp. weichen auch ab die gosl. Stat., deren Bestimmungen über diesen Gegenstand auf den allgemeinen Grundsatz hinauslaufen, dass niemand einen Vervesteten, es sei denn ein unabgetheilter Sohn oder Tochter, hegen und halten darf und widrigenfalls in gleicher Schuld sei mit dem Vervesteten, S. 59. 113. Göschen S. 281. 293.

Nach dem Rechte von Ulm musste, wer einen geächteten Todschläger in der Stadt oder im Zehnten hauste oder hofte, für jeden Tag einen Monat von der Stadt und dem Zehnten sein und der Stadt ein Pfund Heller geben s. Jäger's Ulm S. 304.

III. Von den österr. Rechtsquellen ist schon oben unter

N. I. das Landrecht, als der strengsten Ansicht huldigend angeführt. Damit stimmen die sonstigen Quellen, die Einiges Eigenthümliche enthalten, nicht überein. Das brünner Stadtr. 205
unterscheidet, ob einer wegen unehrlicher oder ehrlicher Sachen
verzollt ist; im ersteren Falle geht es dem Herberger an den
Hals, im zweiten Falle ist die Wedde zwei Pfund vgl. Schöffenb.
603. Das Stadtrecht von Wiener-Neust. 58 lässt erst im dritten
Uebertretungsfalle eine strengere Strafe eintreten (acrius punie-
tur), ohne aber diese anzugeben. Wien 1221. §. 23: „Quicunque civium incusatus fuerit quod scienter proscriptum aliquem hospicio recepit, expurget se sui solius juramento et sit
liber. Sin autem, judici det X talenta. Si dem. non habuerit,
manus sibi amputabitur. Si autem ille datis X talentis iterato
proscriptum eundem servaverit et hoc judex cum VII. vicinis
illius probaverit, persona sua et res in nostra stent potestate."
Ebenso Wien 1244 und 1278. §. 27. Haimburg S. 55.

Es mag auffallen, dass ich in dem Vorstehenden nicht zwischen Acht, Oberacht, Verfestung und Bann unterschieden habe,
allein die behandelten Stellen boten dafür keine directe Veran-
lassung, in so fern die Negation des Friedens und Schutzes des
Geächteten in dem fremden Hause den Grundton jener Bestimmungen bildet, wenn auch das Gebiet, für welches das Verbot
in Kraft treten sollte, bei der Oberacht ein grösseres war. An
einigen Stellen jedoch, die sich auf mein Thema beziehen, ist
ausdrücklich ein Unterschied gemacht. Goldberg §. 20 (Gaupp,
das alte Magdeb. Recht S. 223): „Item si quis pro culpa sua
a majori judice proscriptus fuerit et interdictus (cf. Treuga Henrici regis §. 17 bei Pertz IV, 268. Sap. I, 71. III, 24 u. a.)
cives eum nullatenus in consortium et communionem recipere
possunt aut debent, nisi auctoritate majoris judicis hoc fiat."
Rechtsbuch des alten Landes (Dreyer's Sammlung verm. Abhdl.
I, S. 541): „Welcher Mann einem Averachter husset offte he-
get, de schall in des Averachters stede minen gnädigen Herrn
vorfallen sin."

In den Städten war eine sehr gewöhnliche Strafe die Ver-

weisung aus der Stadt oder dem Weichbilde [25]) auf längere
oder kürzere, bestimmte oder unbestimmte Zeit. Bamberg Gerichtsb. Nr. CIX: „die stat verboten auf sein lantrecht hundert
iar und ein iar [26]) neun meil von der stat umbe den totslag den
er begiench an des swein hirten bruder." CX: „die stat verboten
auf sein landrecht zehen iar, vier meil von der stat." (Zöpfl
S. 112. 113.) Walch VI, 14. 20. VII, 289. VIII, 231. Dinkelsbühl §. 6 ff. Brünn Stadtrecht §. 6: „wo einer — von der
Statt verteilt wird in das Elend (damnetur exilio)." Daran knü-
pfen sich die Verbote solche Verwiesene aufzunehmen. Speier
§. 56. Cölln 99. Dinkelsbühl §. 6. Zürich I, 1. 2. 3 a. 4. 5.
9. 10. 18. 21 u. a. Zöpfl S. 113. Anm. 9. vgl. Schwyz S. 10.
53. 67. 268.

Nicht selten sind auch strenge Verbote der Stadt Feinde
zu beherbergen. Cölln 71. 100. „Item ob jemands von unsern
Bürgeren oder Ingesessen einige unser Statt offenbare Feinde mit
aufsetziger wissenschaft aufhielte, hausste oder hoffte, und der
das nit melte, noch vorbrechte, wo man denn ankommen mag,
den soll man offenbarlich mit dem Schwerdte richten, und were
es ein Frauw, die soll man lebendig begraben, nach erkandtniss
des Gerichts." Nordhausen I, 42. Lehmann Chronik von
Speier VII, 66. S. 837.

---

25) Thomas Oberhof S. 28. Im bamberger Gerichtsbuch ist mehrfach die Distanz nach Meilen angegeben; sonst kommt es wohl
   auf die Bannmeile oder den Bivanc (Bifanc) an (Lechnich §. 28.
   29 bei Gengler S. 245). Bifanc ist = septum, bei Land-
   grundstücken und Ortschaften s. Grimm Wsth. I, 551. 552. R.
   A. 538. Auch die Friedsäulen oder Friedepfähle der Städte
   (Haltaus p. 1462) haben hiebei eine Bedeutung, Memmingen
   S. 255. 273. 279. 283. 286. Gengler S. 27.

26) Häufiger ist 100 Jahr und 1 Tag für die ewige Verbannung
   Grimm R. A. 225. Wsth. I, 543. Nordhausen Stat. I, 3: hundert
   iar unde iar unde tagk.

Fünftes Capitel.

Die Verletzungen des Hausfriedens.

§. 17.

1. Verschiedenheit der Verletzungen des Hausfriedens.

Aus den obigen Expositionen über die Bedeutung des Hausfriedens und den Schutz, welchen das Wohnhaus gewähren soll, geht hervor, dass die Störungen und Verletzungen des Hausfriedens sehr mannigfach sein können. Wenn ein Gerichtsbote eine Wohnung betritt um den Hauswirth zu Gericht zu laden, diess aber zu einer Zeit oder in einer Weise thut, die dem Recht und der Sitte nicht gemäss ist, so ist diess zwar eine Verletzung des Hausfriedens und der Hauswirth kann dagegen sein Hausrecht gebrauchen, aber sehr verschieden ist diess von dem Falle, wo jemand mit bewehrter Hand und mit bewaffneter Mannschaft in feindlicher Absicht ein Wohnhaus betritt. Das mittelalterliche Straf- und Bussenrecht hat daher auch die verschiedenen Fälle verschieden behandelt und keineswegs ist jede Verletzung des Hausfriedens Hausfriedensbruch genannt, weil der Friedensbruch (Göschen S. 291 ff.) ein schweres Gewicht hat. Wo der Hausfriedensbruch vorkommt, ist er fast immer mit schwerer Strafe oder hoher Busse bedroht (unten §. 22. N. I). Weit häufiger als der Hausfriedensbruch ist die Heimsuchung aufgeführt und tritt als eine besonders qualificirte Verletzung des Hausfriedens hervor, bis der Name allmählig aus dem deutschen Strafrecht verschwindet und jetzt nur noch im schottischen Strafrecht einen Platz hat s. Alison, principles of the criminal law of Scotland (1832) p. 199 ff.

Am leichtesten lässt sich eine Uebersicht der Verletzungen des Hausfriedens aus den österreichischen Weisthümern gewinnen, in denen sie neben einander oder gesondert und zwar in beträchtlicher Gleichmässigkeit aufgeführt sind. Eingeleitet werden sie an unzähligen Stellen mit dem allgemeinen Satze: „ein jeder fridbar Mann soll Frid (Freyung) in seinem Haus haben," oder: „ein jeder soll fridbar sein in seinem Haus," oder: „sie melden auch, das von Alter Herkommen ist, dass ein jeglicher Hauswirth soll sicher sein in seinem Haus" u. dergl. (s. oben S. 4). Die Ausdrücke „Heimsuchung" und „heimsuchen" kommen nur selten vor (CXI, 22. CXXX, 16. CLII, 21), der Begriff derselben sehr oft. Es erscheinen in diesen Weisthümern als Verletzungen des Hausfriedens:

1) Wenn jemand geverlich, mit gever, ingefär, in Gefahr, freventlich, in Frevel, mit wehrhafter oder gewaffneter Hand, einläuft in eines Andern Haus, oder ihm darin nachläuft, XXXIII, 39. XL, 14. L, 14. LI, 11. LII, 17. LIII, 8. LIV, 12. LVI, 24. LXII, 25. LXVI, 15. LXVII, 38. LXVIII, 31. LXXI, 27. LXXIV, 7. LXXXIV, 14. CXIII, 4. CLIII, 9. CLXIII, 40. CLXXVI, 21. Das letztere Weisthum ist vom Jahr 1677.

2) Freventliches Einsteigen in ein fremdes Haus, II, 17. X, 11. XVI, 8. XVII, 7. XXII, 32. 33.

3) Wenn jemand bewaffnete Mannschaft durch Frevel, ingever, vor eines Andern Haus herführt, LII, 14. 15. LXIII, 18. CCIV, 11.

4) Wenn jemand den Andern aus seinem Hause herausfordert, I, 17: „Welcher einer den andern in Zorn oder in Unguten aus seinem Haus heraus an sich erfordert," II, 12. III, 16: „ingever aus seinem Haus fordern," IV, 6. VII, 22. VIII, 18. IX, 17. X, 10. XI, 6. XIII, 34. XIV, 14. XV, 9. XVI, 8. XVII, 7. XXII, 31. XXVIII, 40. 53. XXIX, 32 u. s. w. Ein Weib, das einen fremden Mann aus seinem Hause fordert und „Manhait also verschmähet" zahlt bisweilen die doppelte Busse, VIII, 38. XII, 28. XIII, 34. Es geschieht auch der Fälle Erwähnung, wo ein Weib ihren eignen Mann, X, 37, und wo ein Mann ein Weib aus dem Hause fordert, III, 17. 18. XII, 28. XIII, 34. CIII, 36. — Das Herausfordern aus dem Hause ist ausdrücklich getrennt von der Heimsuchung CXXX, 16. 19.

5) Beunruhigen und Belästigen jemandes in seinem Hause überhaupt, XXII, 30: „dass man niemant in seinem Haus fräventlich beunruhigen und belästigen soll, es sei mit Worten oder in anderweg." XXIX, 6. XXXIV, 5: „darin betrüben, ängstigen mit Worten und Werken" XLIX, 7. L, 12. LIV, 11. LV, 12.

LXXII, 13. Gibt jemand dem Andern verbotene Worte in dessen eigenem Hause, so ist die Busse für jedes böse Wort sechs Mal höher als wenn es auf der Gasse geschehen ist XII, 15. XIII, 27.

6) Schiessen und Werfen und Stechen ins Haus hinein, I, 36. II, 16. III, 20. IV, 36. VIII, 20. IX, 16. X, 11. 21. XI, 32. XIV, 16. LIII, 9. LVI, 25. LXIII, 24: „nachstechen in sein Vennster oder in die Thür in gefer." Damit hängt zusammen.

7) Verletzung der Integrität des Hauses. XXVIII, 40.: „schlägt er ihm in die Thür, dass man den Schlag oder Stich gesehen mag." XXX, 46. XXXI, 48. LI, 11. LXV, 38. LXVII, 38. — I, 21: „Wer einem frummen Mann bei Tag oder bei Nacht seine Thor, Thür oder Fenster frävlich aufbricht oder aufstöst." II, 17. III, 15. IV, 37. VIII, 17. IX, 13. X, 11. XI, 33. XIII, 46. XIV, 18. — Der Fall „wer einem in sein Haus sticht" ist gesondert von der Heimsuchung CXXX, 16. 19.

8) Nachlaufen und Verletzung desjenigen, der sich vor seinem Verfolger in ein fremdes Haus flüchtet, XXIX, 7. XXX, 47. XXXI, 49. XL, 11. 14. XLIV, 36. XLIX, 10. LIII, 7. LIV, 12. LV, 13. LXV, 39 u. a. Von der Heimsuchung gesondert ist ein solcher Fall im brünner Schöffenb. 398.

9) Eigenthümlich ist den österr. Weisthümern die häufige Erwähnung des Lauschers (Lusmers) bei dem fremden Hause und vor dessen Fenstern [27]. Die böse Absicht bei seinem Thun wird angenommen, wenn er auf Anrufen und Befragen nicht Rede und Antwort steht, auch wohl präsumirt, dass er ein schädlicher Mann sei, XXVIII, 41: „Sie rügen auch zu Recht, ob ein Lusmer stünd an eines Nachbarn Fenster oder vor seiner Thür und würde des der Wirth gewahr und ruft dreimal hinaus und spricht: Wer steht da? und der Lusmer meldet sich nicht, sticht der

---

27) Stephen, new commentaries on the laws of England (3 edit.) IV, p. 336: „Eaves-dropping, or the offence committed by such as loiter under walls or windows, or the eaves of a house etc."

Wirth hinaus auf den ungemelten Mann und sticht ihn zu Tod, so soll er ihm auf den Stich oder Schlag legen einen Pfenning etc." (vgl. oben §. 7), LII, 4: „Wer einem loset bei der Nacht an seinem Haus in gever etc." LIV, 14: „keiner soll dem andern an seinem Haus lusmen bei Tag noch Nacht etc." LVI, 37. LXIII, 6. 7. CXVI, 16. 17. CXXVII, 10. CXXVIII, 8. CXXXIV, 8. CXXXVI, 9. CXLVI, 13. CLI, 11. CLII, 20. CLIII 19. CLV, 70. CLVIII, 17. CLIX, 20. CLXI, 5. CLXIV, 9. CLXX, 40. CLIX, 12. CLXXX, 51: „ob einer an eines frommen Mannes Haus loset, ihr gehaimb damit auszunehmen." CLXXX, 23. CXCV, 3. 4. CXCVII, 41. CCI, 40. CCIV, 3. CCX, 17. Nach Form und Inhalt verschieden von den früheren Weisthümern ist CLXXVI, 37 vom Jahr 1677.

§. 18.

II. Die Heimsuchung insbesondere.

1. Bedeutung.

Heimsuchen (mhd. heime suochen) ist an sich nur: zu Hause, in seinem Hause aufsuchen. In diesem einfachen Sinne steht das Wort noch München 1347. Art. 422: „Neu leitgeben (d. i. Wirthe) sucht man gern heim." Aber fast immer hat das Wort eine schlimme Bedeutung und bezeichnet einen wichtigen Begriff des alten Straf- und Bussenrechts [28]). Derselbe Begriff ist bisweilen durch Haussuchung ausgedrückt. Soest, alte

---

28) Die altnordische (isländ.) Form ist: Heimsokn; die angels. hâmsôcn (lex Edm. 6. Cnut 12. 59. Ettmüller lex. Anglos. p. 486); die noch jetzt gebräuchliche schottische: hamesucken; die friesische: hamsekenge, hemsekenge, hemsekninge (Richthofen s. v.). Das in der const. Henrici regis 1234 (Pertz IV, 301) vorkommende keymszuche ist wohl nur ein Schreibfehler. Die lex Bajuv. III, 8. §. 2 hat: heimzuht. Verschiedene, zum Theil wunderliche Formen finden sich in den deutschrechtlichen Quellen, wie hansucha Ulm §. 20, hemsükinge Weichbild LXXXVII (Daniels). Die gewöhnliche Form in den mittelhochd. Denkmälern ist: heimsuoche und heimsuoche.

Schrae 101, neue Schrae 9. Freiberg 146. (bei W a l c h, dagegen bei S c h o t t XXVIII p. 236: heimsuche.) Nordfriesland
64. Grimm Wsth. I, 543. vgl. W a l c h diss. §. 10.

Das seinem Buchstabengehalt nach strafrechtlich indifferente
Wort „heimsuchen“ ist entweder ohne Beisatz für das frevent-
liche Heimsuchen gebraucht, wie das lateinische invasio domus
(Brünn Schöffenbuch 396) oder es wird das Frevelhafte durch
einen Zusatz oder in der Umschreibung hervorgehoben. Solche
Zusätze mannigfacher Art, die gar sehr zur Characteristik dieses
wichtigen Begriffs im Straf- und Bussenrecht des deutschen
Mittelalters dienen, lassen sich einigermassen gruppiren:

1) Colmar 9: „in sime huze frevenlich suchet.“ Greussen
64. Frankenhausen IV, 61. G r i m m Wsth. I, 39: „frevenlich
überlüffe in sinem hus.“ — S c h a u b e r g II, 12: „übellich und
frevenlich.“ II, 117. 139. Dinghofrecht für Muttenz (Ztschr. für
schweiz. Recht III, 1. S. 13): „in ubelem heymsuchte.“ —
München 1294 §. 31: „gevaerlichen heimsuchet.“ Oesterr. Wsth.
CXI, 22: „mit gever frevenlich.“ — Freiburg Stiftungsbr. 23:
temere ad domum suam accesserit. Freiburg Stadrodel 42. 46.
Bern Handfeste 27. Dattenried 9. 17. Solothurn S. 414: teme-
rarie et contra voluntatem domini. Eger 13: contumaciter. —
P e r t z IV, 60: hostiliter invadat. IV, 427 §. 6. Passau §. 23. —
Worms Rechtsbrief 1156 (L u d e w i g Reliquiae Manuscr. II
p. 193): „aut aliquem infra atrium suae mansionis fidenter in-
vaserit.“

2) Oft ist die G e w a l t hervorgehoben. Soest Stat. 23:
vi domum ipsius appecierit. Neumarkt §. 7: vim in propriis do-
mibus factam quae dicitur heymsuche. Görlitz 13: mit unrechter
Gewalt. Weichbild art. 343 (ed. Thüngen). Mühlhausen z. A.
Innsbruck 9. 14: violentiae quae haimsuche dicitur. G r i m m
Wsth. I, 846. Freiburg Stadtrodel §. 42: in propria area vi in-
vaserit vel temere domi quaesierit. Luzern 132. Weil Gewalt zur
Heimsuchung gehört, so erklärt sich daraus die Verweisung des
schon im Jahr 1279 stark romanisirenden landshuter Stadtrechts
Art. 11: „Item pro vulnere gravi stillante sanguinem et injuria

legis Corneliae quae dicitur Haimbsuchung." vgl. l. 5. D. de injur., §. 8. J. de injuriis.

3) Schwsp. 301: „die Heimsuchung ist daz wer mit gewaffneter hand in eines Mannes haus lauffet." Grimm Wsth. III,
661: frevenlich in Zorn und mit werender Hand. Schauberg
II, 87: überlofft mit gewapneter hand. Ofen 229.

4) Kaiserrecht II, 66: suchet in sime huse, also dass er
ihm Schaden will thun. Breisach §. 13 (Gengler S. 43): ma-
lignandi animo. Grimm Wsth. I, 547 a. E.: heimsuchet ihn zu
letzen oder zu leidigen. Glarus Art. 131: uff Schand und Laster
in das Hus ging vgl. Art. 15. 22. Freiberg XXVIII. z. A. (Art.
141 bei Walch). Gera 35. Ofen 229.

5) Weichbild Art. 13 (Mühler): „Tut ein Mann deme
andern heimsuche nachts oder tages unvorclaget" Görlitz 13:
unbeclaget mit unrechter gewalt. Zur Erklärung dieses „unvorclaget" dient Ssp. III, 79 §. 1: „Socht en man den herren oder
de herre den man unvorclaget ene vor sinen mannen na rechte"
s. auch Dist. II, 3, 2. Strassb. 36. Ofen 229. Oesterr. Wsth.
CLIII, 9. vgl. CLXXV, 7. CCIV, 24. Es ist mit jenem Worte
die Eigenmacht und Privatgewalt bezeichnet. vgl. Rössler, Einleitung zum altprager Stadtrecht S. LXXIX.

Die unter Nr. 2—5. hervorgehobenen Bezeichnungen gehen
sämmtlich auf in der Bezeichnung „freventlich," so dass sich nach
dem Bisherigen für den strafrechtlichen Begriff der Heimsuchung
die Erklärung ergibt: „jemand freventlich suchen (aufsuchen) in seinem Wohnhause [29]).

---

29) Von den schottischen Juristen wird das „hamesucken" definirt:
„the felonious seeking and invasion of a person in his dwelling-
house." Alison a. a. O. p. 199. — Leman im Wörterbuch zum
alten kulmischen Recht identificirt „Heymsuche" mit dem „burglary" des englischen Rechts und selbst englische Juristen haben
diesen Fehler (Stephen's new commentaries IV. p. 173), obgleich ihnen das Wesen des burglary genau bekannt ist, welches
Lord Coke definirt hat: „burglar-he that by night breaketh and
entereth into a mansion-house with intent to commit a felony."

Das Eingehen in das Haus gehört zur Heimsuchung, daher heisst es Augsb. S. 73: „Ist daz biderbe lute serwärfent mit einander in eime lithuse oder in eim anderm Huse, da si bi einander sint, daz ist niht ein Heimsuche. Ist aber daz ir ein teil heruzgat für daz Hus unde danne hinwider ingant mit verdachten muete — daz heizet ein heimsuche.“ Sehr gewöhnlich ist daher in den lateinischen Quellen: invasio domus. Ens 19: temeritatem illam sive invasionem domus quae in vulgari heimsuche dicitur. Wien 1221 §. 29. Brünn Schöffenb. 264. 395 ff. Für das Eingehen in das Haus, bezogen auf die Personen, deren Hausfriede gestört wird, ist vielfach „überlaufen“ gebraucht. Grimm Wsth. I, 39. Luzern 132. S c h a u b e r g II, 87. Schwyz Rechtsq. S. 52 §. 22. S. 57 §. 19. Freiberg XXVIII. z. A.

Die in ihrem Hausfrieden durch die Heimsuchung verletzte Person ist zwar zunächst der Hauswirth, daher z. B. Freiburg Stiftungsbr. 23: temere ad domum suam accesserit und Neumarkt §. 7: vim in propriis domibus factam, allein der Hausfrieden erstreckte sich auf alle Bewohner des Hauses und Heimsuchung war auch vorhanden, wenn der Frevel der in das fremde Haus Eindringenden gerichtet war gegen andere Bewohner des Hauses als den Hauswirth, denn der Friede des bewohnten Hauses wurde dadurch verletzt s. oben §. 3.

Wenn, wie bei der Heimsuchung der Begriff so einfach aus den Buchstaben des Wortes hervortritt, so erwartet man in den Rechtsquellen keine förmlichen Definitionen, ausführlichen Beschreibungen und genaueren Erklärungen derselben, als es in der im Vorhergehenden angegebenen Weise geschehen ist. Aber dennoch fehlt es in den Rechtsquellen nicht an solchen Beschreibungen und Erklärungen und der Grund dafür ist leicht aufzufinden,

---

Im schottischen Strafrecht ist die Bezeichnung burglary nicht üblich, sondern existirt der nicht gleiche, aber doch verwandte Begriff „housebreaking“ (Diebstahl mit Einbruch), den sie vom „hamesucken“ streng sondern. Burglary und housebreaking stehen zwar auch in Beziehung zum Hausfrieden (Geib im N. Archiv d. Crim. 1847 S. 542), aber in anderer Weise als die Heimsuchung.

nemlich weil man an dem Grundbegriffe der Heimsuchung nicht streng festhielt. Es ist diess noch geschehen im Schwsp. 301. Ebenfalls in dem auf die Casuistik eingehenden augsburger Stadtrecht S. 72 ist das frevelhafte Eingehen in ein Wohnhaus festgehalten und auch S. 107 a. E. liegt die Erweiterung nur darin, dass das weitere Terrain des Hausfriedens (oben §. 4.) berücksichtigt ist. Kühner erscheint zwar S. 100: „Hawet ein man dem andern einen bärhaften baum abe . swer daz tut der sul dem vogte die Heimsuche büzzen unde jenem," aber der bärhafte Baum steht in dem zum Hause gehörigen Bereiche und dieser wurde freventlich betreten von dem, der den Baum umhauen wollte, daher soll er die Heimsuchung büssen und den angerichteten Schaden bessern. Dieses Stadtrecht betont übrigens S. 15 die „rechte Heimsuchung," welche sicherlich die S. 72 f. behandelten Fälle umfasst, in denen das Wohnhaus betreten wird.

Luzern 132: „welcher old welche dem andern tags oder nachtes in sim hus, es sy eins eigen oder zins gewaltenklich old frevenlich uberloufft in der meinung, dass er in, sy old die Iren, dienst old ander welle beschedigen, schand old schad zu zefügen etc." Diese Erklärung entspricht noch ganz dem Buchstabensinn und bietet keine Erweiterung des Grundbegriffs, aber vielleicht sah man sich zu einer solchen Beschreibung veranlasst, um einer schon aufgekommenen sich nicht gleich bleibenden Erweiterung entgegenzutreten und dem wichtigen Begriffe die Festigkeit zu erhalten. Mehr als eine Umschreibung des Grundbegriffes bietet auch Passau 1225 §. 23 nicht, aber etwas weiter geht schon 1300 §. 10.

Anders Speier 36: „das heisset heimsuche, da man freveliche jemannes Thur, Porte, Want oder Fenster uffstiesse oder drin hiwe, oder in jemans Hoff oder Huss gienge unde jemand drinne verserte." Hier ist schon ein Fall vorangestellt, der zwar eine Verletzung des Hausfriedens enthält, aber streng genommen noch nicht Heimsuchung ist. Solche Erklärungen hinzustellen, erscheint dann nöthig, wenn Wort und Begriff sich nicht mehr decken, wenn der Begriff aus seinem Gewande herausgewachsen ist. Es ist hier nicht eine Definition der ursprünglichen Heimsuchung gegeben, sondern gelehrt, was man damals als Heimsuchung in Speier ansah und bestrafte. Indem man verwandte Fälle mit gleicher Busse belegte wie die Heimsuchung, wurde dieser Begriff erweitert, wobei man mehr oder weniger den Grundton festhielt. s. Dist. II, 3, 2. Freiberg XXVIII. Memmingen S. 275.

§. 19.

2. Verhältniss der Heimsuchung zum Hausfriedensbruch.

Die Heimsuchung ist ein Hausfriedensbruch. Rheingauer Landrecht 4. (Grimm Wsth. I. S. 539): „Straf jener, die mit gewappneter Hand eine heimsuchung thun, und durch todschlag, wundung etc. den hausfrieden brechen." Möglicher Weise gehört aber diese Stelle in die Classe derer, welche die Heimsuchung vom Hausfriedensbruch sondern. Klagenfurt §. 9: „Ouch wellen wir, swer frevellich oder mit gewaffent hant ainem laufet in sein haus, daz derselb haymsuch und hauspruch hab getan." Wilda, Strafrecht der Germanen S. 781, will Hausbruch oder Verletzung des Hausrechts und Hausfriedensbruch unterscheiden, stellt aber doch den Hausbruch nicht als eine technische Bezeichnung des germanischen Rechts hin. Diese Unterscheidung scheint mir eben so bedenklich zu sein, als seine Sonderung von Friedensbrüchen und Rechtsbrüchen S. 269. Für die obige Stelle eines Rechtsbriefs von 1338 würde es sich schwerlich auch nur wahrscheinlich machen lassen, dass Hausbruch etwas Anderes bedeute als das gewöhnlicher vorkommende Hausfriedensbruch. Das Einbrechen in ein Haus (housebreaking im Engl.), welches im Stadtrecht von Apenrade 1284 Art. 63. 64. (Dreyer's Sammlung verm. Abhdl. Bd. III.) und Verden, aus dem XV. Jahrh., Art. 177. 178. (Pufendorf, Obss. I. App.), von der Heimsuchung oder dem „unfreundlichen Eingehen" in ein fremdes Haus gesondert ist und auch sonst als eine starke Verletzung des Hausfriedens erscheint, kann nach dem Zusammenhange in jenem Rechtsbriefe nicht gemeint sein.

Die Heimsuchung tritt überall hervor, wo Hausfriedensbrüche aufgeführt werden. Pertz IV, 58: „Omnis domus, omnis area pacem infra septa sua habeat firmam. Nullus invadat, nullus effringat, nullus infra positos temere inquirere aut violenter opprimere praesumat." Burgdorf 183: „Quicunque domum alicujus armata manu et nocere parata aut violenter intraverit, vel violentiam in domo fecerit, aut fenestram, hostium vel parietem fregerit, vel lapides super tectum vel ad domum maliciose proiecerit etc." Dist. II, 3, 2. Regensburg S. 67 ff. Ditmarschen 1447 §. 120 ff. Gera 35. Schlaiz 17. Rudolstadt VI, 7 ff. Appenzell 163.

Die Heimsuchung ist e i n e Art des Hausfriedensbruchs. Der Letztere ist ein Collectivum, verschiedene s c h w e r e Verletzungen des Hausfriedens (oben §. 17.) umfassend, wie Landfriedensbruch und Friedensbruch überhaupt (W ä c h t e r im N. Archiv des Crim. XII. S. 369) collectiv waren. Die Heimsuchung ist aber eine bestimmte Art der Verletzungen des Hausfriedens. Der im augsburger Stadtr. S. 73 ausdrücklich von der Heimsuchung gesonderte Fall, wo Leute in einem Wirthshause oder in einem andern Hause bei einander sind und „zerwärfent mit einander," ohne aber freventlich eingedrungen zu sein in das Haus, kann die Bedeutung eines Hausfriedensbruchs annehmen. München 1294 §. 31: „Swer den andern gevaerlichen heimsuchet, o d e r den andern iagt gegen sinen hus oder gegen einen andern hus und im nachvolget von dem hus sieben schuch lank etc." Ofen 229 ist rubricirt „vom fried der in den häusern ist" und unterscheidet streng zwei Fälle, 1) wenn jemand einen Menschen jaget in eines Andern Haus und ihm mit gewaffneter Hand darin nachfolget und 2) wenn jemand einen Andern mit Vorsatz in seinem Hause sucht und ihn leidigt. Sehr deutlich hält auch Bamb. §. 193 ff. und 199 auseinander das Heimsuchen und das im Verfolgungseifer geschehene Einlaufen in ein fremdes Haus und bedroht jenes mit der doppelten Busse. Stadtr. von Diessenhofen 59 (S c h a u b e r g II, 12.) Greussen Art. 62. „Von haussfriede bruchs Strafe." Art. 63. „Wer dem andern vor sein haus läuft und ihnen übelschilt." Art. 64. „Von freventlichen Suchen." Frankenhausen IV, 57. 60. 61.

Am häufigsten ist eine Art der Verletzung des Hausfriedens von der Heimsuchung gesondert aufgeführt, wenn auch vielfach

mit derselben Busse belegt, das Herausfordern, Ausheischen, aus
dem eignen Hause. Baiern L. R. Art. 181: „Wer den andern
heimsucht in zorn — oder ihn aus seiner herberg herausfordert,“
Freysing St. R. S. 196 a. E. — Grimm Wsth. I, 16: „heimsuchen under eins rüossigen rafen, herdfellig machen, blutruns
machen und ein usser sinem hus ze laden.“ I, 18 a. E. 208.
215. 221. 229. 237. II, 226. Schauberg I, 76. 77. 100. II, 86.
87. Luzern 132. 135. Thurgau S. 92. 96. Basel L. O. S. 48. —
Nordhausen Stat. I. §. 16. Langensalza 20. Grimm Wsth. I,
243. 247. II, 47. Schauberg I, 16. Thurgau S. 51. Zug 1566.
Art. 125. Zips 30.

Wie die österr. Weisthümer die sonstigen Verletzungen des
Hausfriedens neben der Heimsuchung aufführen s. oben §. 17.

§. 20.

8. Arten der Heimsuchung.

1) In dem augsburger Stadtrecht S. 78 ist für einen Fall
der Heimsuchung hervorgehoben, dass das Eingehen „mit verdachtem muete“ geschehen sein müsse [30]). Regensb. S. 68 spricht
aber auch von einer Heimsuchung die „angever und mit beschei-
denheit“ geschehen sei. Es lässt sich diess nur auf den Fall
beziehen, wo jemand zwar in widerrechtlicher Weise, aber in
Uebereilung das Haus des Andern betritt und in der Verletzung
des Hausfriedens noch Maass hält [31]). Bestimmter ausgeprägt ist
eine derartige Unterscheidung für die Heimsuchung in österr.
Stadtrechten. Wien 1221 Art. 29. (Ens Art. 19 noch nicht):
„Quicunque ergo temeritatem illam sive invasionem domus quae
dicitur heimsuchunge casualiter exercuerit. — Si vero non
casualiter sed premeditative assumptis aliquibus amicorum suorum
heimsuchunge exercuerit etc.;“ 1244 art. 31: „Non casualiter

---

30) Alison l. c. p. 199: „It is necessary that the invasion of the
    house should have proceeded from forethought malice.“

31) Ueber das in dieser und ähnlicher Bedeutung oft vorkommende
    „Bescheidenheit“ s. Augsb. S. 66. 89. Salfeld 23. Walch VI,
    16. VII, 45. Weigand no. 460. Grimm Wörterbuch s. v.

5 *

sed sponte et premeditatus assumptis etc.;" 1278 art. 31: „non casualiter, sed sponte assumptis etc." Haimburg S. 56: „Swer die frevel oder die haimsuechung von geschiecht beget, — hat aber er mit willen und mit verdachten muet, und nicht von geschicht die haimsuechung getan, also daz er etleiche seiner freunt darzu genommen hat etc." Eine casuelle Heimsuchung, das Wort casus in der gewöhnlichen Beziehung genommen, würde eine contradictio in adjecto ergeben, daher müssen wir den Gegensatz zu dem „casualiter" und „von geschicht" in jenen Stellen ins Auge fassen und dadurch erhalten wir als die gelindere Art der Heimsuchung eine solche, die nicht mit Vorbedacht geschieht und mit zugezogenen Freunden, in welcher Zuziehung der Vorbedacht deutlich erkennbar ist, — „mit beradeneme Mode unde mit beladenen Vrunden" Hamburg 1270. XI, 1. — Das Zufällige derselben ist darin zu sehen, dass der Heimsucher zu dem Hause ohne den Vorsatz des Heimsuchens gekommen ist und man kann diese Heimsuchung vergleichen einer Tödtung oder Verwundung, die „in einem Auflauf und in einer Geschicht" (Magdeb. Wsth. Nr. 35 S. 88 a. E.) stattgefunden hat. vgl. Regensb. S. 73. 77. 109. Augsb. S. 74. Jene Unterscheidung ist also zwar nicht gleich, aber ähnlich der im §. 19. S. 66 erwähnten des bamberger Stadtrechts.

2) Brünn Schöffenb. 264: „Sententiatum est iuratis — quod invasio domus duplex est. Quaedam major sicut, quae continet excessus verborum et factorum, videlicet gravium vulnerum. — Alia autem est invasio domus minor, quae fit sine vulneribus, solum forte per verba etc." Der Wandel dieser beiden Arten der Heimsuchung ist verschieden vgl. daselbst nr. 395 a. E. 402. Regensburg Friedbrief von 1331 (Freyberg's Sammlung V. S. 110).

3) Wilda, Strafrecht der Germanen S. 952 ff. und im Rechtslex. VI, 270. erklärt die germanische Heimsuchung im e. S. als schwere Verletzung des Hausfriedens, die durch einen Angriff auf die Wer mit gesammeltem Gefolge begangen wurde und rechnet das Vorhandensein eines Gefolges als zum Thatbestande der Heimsuchung gehörig, wobei er denn freilich zu der beliebten Unter-

scheidung eines engeren und weiteren Sinnes greifen muss. Die alte Auffassung hat noch ihren Nachhall in der mir vorliegenden Periode der deutschen Rechtsgeschichte, ohne dass jedoch das Vorhandensein einer gesammelten Mannschaft oder das Tragen und der Gebrauch von Waffen allgemein zum Begriff der Heimsuchung gehört. Der alte Ton verhallt in dem Raume der eilenden Zeit, in welcher die Fehde zurücktritt und das Zusammenleben der Menschen sich ruhiger gestaltet, bis das Zusammenrotten und das Bewaffnetsein für die Heimsuchung zu einem erschwerenden Moment wird, wie bei anderen Verbrechen.

a) Henrici regis const. 1234. (Pertz IV, 301): „Reysam quae keymszuche dicitur, si quis commiserit, proscribatur.“ In den lateinischen mittelalterlichen Rechtsquellen kommt nicht selten „reisam vel expeditionem“ vor und es tritt darin die auch sonst hinlänglich bekannte Bedeutung von Reise = Kriegszug [32]) hervor. So wie also jene Stelle deutlich auf ein (bewaffnetes) Gefolge bei der Heimsuchung hinweist, geschieht diess auch an manchen anderen Stellen in den deutschen Rechtsquellen. Oest. L. R. 1246. §. 48. 1280. §. 63: „Welich edel man sein hausgenosse oder sein ubergenosse haimbsuecht, der sol im geben für ein yeglichen werlichen man zehen pfunt etc.“ Hamburg 1270. XI, 1. Burgdorf 183. Freiberg XXVIII. Grimm Wsth. I, 543. Nr. 72: „den hussucher unde alle syne midegesellen, di dar mide weren“ vgl. österr. Wsth. LII, 14. 15. LXIII, 18. CCIV, 11. Dagegen Solothurn (1280): sive solus sit sive plures fuerint.

b) Im Schwsp. 301 gehört das „mit gewaffneter Hand“ zum Begriff der Heimsuchung und deshalb ist auch die Erklärung hinzugefügt: „Wier heissen gewaffet hande blosse schwert in der hand oder schaelckliche messer oder bogen etc.“ — Grimm Wsth. I, 151: „heimsuchet mit gewafneter hand fre-

---

32) Pertz IV, 184. 429. Schwsp. 154. Ssp. III, 79. §. 2. Grimm Wsth. II, 3. Memmingen S. 280. Haltaus p. 1543. Wackernagel s. v.

venlich." I, 331. III, 661. Leobschütz ,§. 14. Wesel §. 22.
Oesterr. Wsth. LXVIII, 31. LXXI, 27. LXXVII, 84. CLXIII,
40. CXCVII, 38. Schwyz Rechtsq. S. 52. Art. 22. S. 57.
Art. 19. Aus den letzteren Stellen lässt sich aber nicht wie
aus dem Schwsp., wo eine Definition gegeben ist, mit Sicherheit
abnehmen, ob die „gewaffnete, werende Hant" zum Begriff der
Heimsuchung gehören oder eine erschwerte Art derselben kenn-
zeichnen soll, wie diess deutlich aus folgenden Stellen hervortritt.

In der Casuistik des augsburger Stadtr. S. 72 ff. ist zwar
im Anfange die „gewäfente hant" mehrmals erwähnt, aber im
Folgenden erscheint sie doch nicht als nothwendig zum Begriff
der Heimsuchung. Sehr deutlich erscheinen die Heimsuchung
mit gewaffneter Hand und mit Scheltworten als zwei Arten im
bairischen L. R. c. 180. 181, Stadtrecht von Freysing S. 196,
München 1347 Art. 13. 275. 276. vgl. Schwsp. 301. med.
Auch die Oeffnung von Güttingen im Thurgau hat verschiedene
Artikel, 18 und 25, für die Heimsuchung mit gewaffneter Hand
und ohne dieselbe (Schauberg II, 86. 87.) Grimm Wsth.
III, 730.

4) Obwohl nicht selten Tag und Nacht bei Einführung
der Heimsuchung gleichgestellt sind (Cölln 84. Grimm Wsth.
III, 661. Schwyz Rechtsq. S. 57. §. 19.), so erscheint doch
häufiger, wie sich bei der grossen Bedeutung der Nacht im mittelalterlichen Strafrecht erwarten lässt, die nächtliche Heimsuchung als eine schwerere Art. Grimm Wsth. I. 331: „bi nacht
und bi nebel." I, 351. II, 6. III, 739. Schauberg I, 1. 11.
77. 100. II, 66. Appenzell 163. 164. [33]). Die Unterscheidung

33) Blumer, Staats- und Rechtsgeschichte der schweiz. Democr.
  I, 414, der aber unrichtig „Verletzung des Hausrechts zur Nacht-
  zeit" und „Nachtschach" identificirt. Nachtschach ist ein wei-
  terer Begriff und nicht selten ausdrücklich von der Heimsuchung
  gesondert s. Augsburg S. 64. Zürich I, 28 ff. Schauberg II,
  81. 82. vgl. Ott in der Ztschr. für schweiz. Recht I, Rechtsq.
  S. 92. Ich werde den „Nachtschach" nächstens in einer beson-
  deren Abhandlung besprechen.

von Nacht und Tag stellt für Hausfriedensbruch überhaupt heraus
Billwärder 64, Bremen bei Oelrichs II, 663.

5) Zürich I, 32 ff., wo die Heimsuchung in einem weiten
Sinne genommen ist, hat mehrere mit verschiedenen Bussen belegte Arten derselben, Heimsuchung ohne Schaden, mit Schaden,
mit gewaffneter Hand, mit Brand und Raub etc.

§. 21.

4) Rechtsgang und Beweis.

Kläger war zunächst der Hauswirth, Bamberg §. 194, Wien
1221. §. 29. 1244 und 1278. §. 31, der auch überall da hervortritt, wo von der Bewahrung der Hausehre gegenüber wider-
rechtlichen und gewaltthätigen Eingriffen durch eigne Kraft und
Gewalt die Rede ist (oben §. 6. 7.). Ihm fällt die für Heimsuchung zu zahlende Busse zu, Augsburg S 73. Absatz 1. 4. 5.
Hat jemand ein Haus Anderen überlassen und wohnt er nicht
selbst darin, so hat er doch noch Theil an der Busse, Augsburg
a. a. O. Absatz 6. Aber der Nachdruck für die Beantwortung
der Frage, wer die Busse zu empfangen und demgemäss auch
als Kläger aufzutreten hat, liegt darin, dass jemand Hauswirth
sei, Schwsp. 301. Goslar 50, 6. 51, 2.

In den Rechtsquellen dieser Periode tritt schon überall
der Grundsatz hervor, dass der Kläger in erster Linie das Recht
des Beweises der Thatsache der geschehenen Heimsuchung hat,
nicht der Beklagte den Vorrang sich zu „entschuldigen" oder
die klägerische Behauptung zurückzuweisen [34]).

---

34) Ueber das Beweisrecht im deutschen Mittelalter: Albrecht,
doctrinae de probationibus secundum ius Germ. medii aevi adum-
bratio. Pars I. II. Regiom. 1825. 27. C. G. von Wächter,
Beiträge zur deutschen Geschichte, Abh. III. 1845. Planck,
das Recht zur Beweisführung nach dem älteren deutschen, besonders sächsischen Verfahren, in der Ztschr. für deutsches Recht
Bd. X. (1846). Jolly über das Beweisverfahren nach dem Rechte
des Sachsenspiegels 1846. Sachsse, das Beweis-Verfahren nach
deutschem, mit Berücksichtigung verwandter Rechte des Mittelalters. 1855.

Der Rechtsgang und das Beweisrecht bei der Heimsuchung wird am anschaulichsten sich darstellen, wenn ich die Vornahmen in der Reihenfolge aufführe, die sich aus dem Grunde der Ausschliessung ergibt:

1) Salfeld Art. 1: „Wer den andern daheymesuchet, komt der Schultheize darzu unde horet daz wafinheiz [35]) unde sehit di heymesuche unde beseczit her daz mit boten her mag kein recht da vor gethu. wirt abir die heymesuche mit boten nicht besaczet. he sal davor gerichten selbe drier neyn sagen." In dem ersteren Falle ist die Thatsache des Heimsuchens unmittelbar zur Kenntniss des Richters gelangt und weder ein Beweis durch den Heimgesuchten nöthig, noch ein Unschuldsbeweis durch Eid und Eideshülfe möglich. Mühlhausen S. 7: „so sol he dan nach mi richteri sendin edir nach siemi botin." Zur Erklärung des „Besetzens mit Boten" s. Freiberg XXVIII. p. 237. (bei Walch Art. 149. 150.) Planck S. 312. Sachsse S. 136 ff. Ueber die Prävalenz der richterlichen Wahrnehmung, des Augenscheins, sind auch die Statuten von Ilm bei Walch VI, 17. zu vergleichen: „Was ein ratisman gesehen unde gehort habit do

---

35) Wafinheiz kommt auch zweimal vor im Art. 8 derselben Statuten. Unrichtig ist das Wort erklärt von Walch in dem Glossarium zu seinen Beiträgen: „Wafinheiz, Waffengeschrei, oder vielmehr das Geräusche, so mit Waffen geschiehet." Ihm folgt Wilda im Rechtslex. VI, 272. Anm. 113. Eben so unrichtig ist Ziemann's Deutung durch „Herausforderung." Regensb. S. 67: „Ist aber, dass die frawe für den Richter kumbt und clagt selb ander mit ihrem voraid umb notnumft und will die pringen selb sibent, die den waffenheiz gehort haben, so gehort chin laugen daruber, man richt es hin zu dem leib. Mag aber sie der siben nit gehaben, die den waffenheiz gehort haben etc." Waffenheiz ist eine seltene Form für das sehr gewöhnliche Waffengeschrei in dem bekannten Sinne. (Grimm R. A. 876. Schmeller IV. S. 34.) Die Silbe „heiz," wie in „Schultheize" geht zurück auf das gothische haitan = rufen. Schmitthenner und Schwenck s. v. heissen.

sal nymant vorstehen mit syme rechte" (Albrecht I. §. 12.
Sachsse S. 207).

Hiemit ist die handhafte That in Verbindung zu setzen,
von der Planck S. 225. vgl. S. 303. sehr gut sagt: „Die That
selbst wird durch den Kläger gewissermassen in das Gericht ge-
bracht. Er verfolgt den Thäter mit Geschrei, wodurch er alle
Gerichtsinsassen sammt dem Richter herzuladet, er fängt ihn,
er führt ihn mit dem wiederholten Gerücht in die Gerichtsver-
sammlung ein. Die That selbst wird dadurch gewissermassen
bis in das Gericht verlängert, so dass die Versammlung sie unmittelbar vor Augen hat. Freilich bedarf es nun vielleicht rück-
sichtlich des Anfangs derselben, bei welchem noch nicht alle
zugegen waren, einer ausdrücklichen Versicherung durch einen
Gegenwärtigen. Diese wird beschafft gewöhnlich durch den Eid des
Klägers selbsiebent." Diese Regel des sächsischen Rechts, dass durch
den Eid selbsiebent die handhafte That für das Gericht fixirt
wird, ist in Betreff der Heimsuchung ausgesprochen im Weichbild (Thüngen) Art. 35 a. E. vgl. Art. 343: „Und heymsuchen dy sal der in eyner hanthafftigen tath clagen mit gerufte
und selb sibende gezceugen." Art. 87. 89. (Daniels) Art. 13.
(Mühler) Görlitz 13. Dist. II, 3, 2. Kulm II, 30. Leobschütz
§. 13. Ofen 159. Unter diesen Stellen sind aber einige, welche
zu der Frage hinführen, ob mi diesem Eid selbsiebent der ganze
Beweis der Heimsuchung abgemacht gewesen sei? Weichbild
Art. 13. (Mühler): „unde hat he des dinges gezuk an sinen
schreimannen selbe sebende und an sinen nacgeburen. unde
mac he di not bewise also recht is." Görlitz 13: „unde wirt
her gevangen in der hanthaftigen tat mit gerufte. unde vor gerichte bracht. und her des sine schreimanne habbe selbe siebende
und mac her die tat oder die not bewisen also recht ist. iz
get jeme an den hals." Mit diesem „und" ist nicht bloss eine
andere Wendung des schon im ersten Satztheil Gesagten ein-
geführt, sondern diese Stellen enthalten einen Ausdruck der sich
geltend machenden Ansicht, dass mit Beibehaltung des formellen
Beweises auch der wirkliche Beweis der That gefordert werden
sollte s. auch Regensb. S. 80. Absatz 1. Wer mit seinen Schrei-

mannen vor Gericht trat, konnte durch seinen Eid, dem die
sechs Eideshelfer Garantie gaben, sich das Recht des Beweises
sichern, es wurde dadurch die Beweisrolle bestimmt, aber der
Beweis der Schuld des Angeklagten musste noch geführt werden, während nach dem altherkömmlichen Recht mit dem Eide
selbsiebent der vollständige Beweis geführt oder vielmehr durch
einen solchen Eid alle Beweisung abgeschnitten war.

Das Recht des Klägers den Beweis der geschehenen Heimsuchung zu führen durch eigenen Eid und zwei Zeugen, also
die sich Bahn brechende neuere Ansicht, zeigen uns Augsburg
S. 72: „mac man daz hinz im bringen selb dritte der hat den
wirt geheimsuchet,“ Baiern L. R. 180: „steht aber er sein mit
laugen, so sol man sein recht von im darumb nemen, ez mache
dann der anchlager war mit zwain zuo im, die es gesehen habent,
daz er es getan hab,“ München 1347 Art. 13. Aus diesen
beiden letzteren Stellen sehen wir das Wesen der Zeugen, dass
nur solche auftreten konnten, welche den Act der Heimsuchung
sinnlich wahrgenommen hatten, wie auch aus dem Schwsp. 301:
„Und lauget er des, so soll man in über czeugen selb dryt die
es gesehen oder gehoerend hand. un hat es nyeman gehoeret
oder gesehen, so mag der wol zeug seyn, der die geschosse oder
die schleg hoeret.“ Vielfach werden daher die Hausgenossen und die Nachbarn als ⬤ zum Zeugniss zu Berufenden
genannt. Iglau S. 219: „Domesticus, qui invasus est, ex utra-
que parte domus suae duos vicinos suos habeat testes, quos si
habere non poterit, unum habeat trans viam, alium vero vici-
num suum et alios probos viros.“ Schemnitz 29: „Der wirt der
do geheimsucht wird, der sol habn seines haws czwen czewgn;
mag er der nicht gehabn, so haber einen uber wege und den
andern seiner nachpern, oder einen andern erbern frummen man.“
Dist. II, 3, 2: „Beclaget en disser dorumbe unde spricht her,
he en habe sin nicht getan, des wer iener ner zcu bewisen mit
sinen nackeburn, dy den frevel gesen unde gehort haben.“ Hof
§. 12: „Wer eine Heimsuchung thut, des mag man ihn nicht
überreden denn mit zuhevener Thür oder mit Nachgebauern ober-
seit und unterseit.“ Brünn Stadtr. 39. 110. Freiberg XXVIII.

z. A.: „wiszenliche den nakeburen obenwendic und nidenwendic“ (bei **Walch** Art. 141). Der Begriff der Nachbarn wurde aber bisweilen recht weit ausgedehnt. Brünn Schöffenb. 400: „Sententiatum est juratis —, quod ad probandum invasionem domus recipi possunt testes vicini non solum collaterales superius et inferius, proximi vel transversales, directe oppositi, imo alii, dummodo sint idonei, quamvis a domo invasa sint in aliqua distantia in eadem linea vel in alia residentes.“ Am weitesten geht hierin Mühlhausen S. 7: „wan wi alli nacibure heizin di in dirre stad sin.“ Wesel §. 22 hat daher bloss: „per duos concives.“

Eine schwierige Stelle, die hieher zu gehören scheint, findet sich im allgemeinen Landfrieden Rudolf I. vom Jahr 1281. §. 6: „Swer einen edelen man feintlich heimsuchet, wirt er des überret mit zwein oder mit der gewizzen, der sol in der ahte sin.“ (Pertz IV, 427). Pertz hat am Rande die Vermuthung hingestellt, ob nicht zu lesen sei: mit drin gewizzen. Dann würde sich der Satz lateinisch wiedergeben lassen: si convictus fuerit duobus vel tribus hominibus certis s. idoneis, und es kommt „ein gewizzer Mann“ vor für den angesessenen Bürger (Haltaus p. 715), auch wird sehr oft verlangt, dass die Zeugen angesessene Bürger seien. Jener Conjectur steht aber zunächst entgegen, dass „zwei oder drei“ Zeugen gefordert würden, welche Unbestimmtheit gegen die Regel ist; mehr aber noch, dass „mit der gewizzen“ als technischer Ausdruck vorkommt. Prag. Rechtsbuch Art. 120: „tet man daz kunt mit der gewisse, daz etc.“ und mehrmals im prager Stat. Art. 119, wo auch eine Erklärung gegeben ist: „Noch dem sol auch der gelaubiger das haus oder erbe dem schuldiger anpieten mit der gewissen, das ist vor zwen scheppfen oder genannten oder vor dem rat.“ Darnach scheint der Sinn der obigen Stelle des Landfriedens zu sein, dass der Beweis der Heimsuchung geführt werden kann durch zwei Zeugen oder durch Urkundspersonen und im Wesentlichen stimmt mit ihr überein ein Passus in dem schon angeführten Art. des schemnitzer Stadtrechts aus dem 13. Jahrhundert: „oder überwindet er ihn (den Heimsucher) mit zwen

Gezeugen — oder mit einem der gesworen ist." Iglau S. 219: „predictis testibus convictus aut uno jurato." Brünn Stadtrecht Art. 39: „mit genachpuren oder mit eim' gesworn."

Der Beweis wurde dem Ankläger dadurch noch erleichtert, dass, wie bei der Nothzucht, dem überhaupt mit der Heimsuchung oft zusammengestellten gewaltsamen Verbrechen, auch Frauen als Schreileute dienen konnten (Goldberg §. 13), so bei der Heimsuchung Frauen als Gezeugen angenommen wurden. Dabei ist aber der Unterschied der bei Tage geschehenen und der nächtlichen Heimsuchung urgirt [36]). Memmingen S. 277: „ist aber, das es nachts beschicht, mag es denn der klager bewisen mit frowen oder mannen oder mit einem husgesind ald ehhalten, das sin hand di dritt si, des sol genuog sin." Grimm Wsth. III, 648: „Item ob zwen mit einander kriegten, und einer den andern haimsucht in sein haus oder unter sein dach, ist es bei dem tag, so soll er es erweisen an den andern· selb fünf mann, und bei der nacht selb dritt mann und frauen." III, 730. Jäger's Ulm S. 308.

Wenn der Beweis der Heimsuchung geführt werden kann von dem Kläger durch die nachgebliebenen Spuren der Gewaltthat, so dass die That noch scheinbar ist, dann ist gleichfalls das eidliche Ableugnen des Beklagten zurückgedrängt. Freysing S. 196: „Wer den Andern zeicht und beklagt, er hab in haim gesucht, des laugen sol man nemen mit seinem ayd, es mug dann jener war gemachen, daz er in haym gesucht hab mit gewaffender hannt oder mit slegen, die er nach im getan hat· in tür oder in maur." s. das oben S. 74 angeführte Statut für Hof und Bamberg §. 194 ff. Solche Spuren können sich auch an dem Leibe des Heimgesuchten finden. Goslar 50, 11: „of men de vredebrake bewise mit wunden oder mit wartscare" (Göschen S. 509). Freiberg 143. 144 (Walch) nennt bei dieser Gelegenheit „Kämpferwunden" s. auch Ofen 159, 3. (Albrecht I, §. 21. Sachsse S. 231.) Schwierigkeit macht ein

---

36) Erleichterung des Beweises, wenn eine That bei Nacht geschehen war, finden wir auch sonst z. B. Passau §. 20 a. E.

Ausdruck Kulm II, 30 und Breslau §. 40: „mag man die heimsuche bewysen mit wunden unde 'mit gewundeteme getzimmere
(Kulm: gewundeten tzymmer) hat ein man des den richtere und
die schreilute zu geziuge jener ist ime naher zu antwortene
mit eime kamphe dan her ime untgan muge mit siner unschult.‟
Leman referirt in seinem Wörterbuch s. v. tzymmer, dass man
bei der ersten Umarbeitung des alten kulmischen Rechts im 16.
Jahrh. überein kam statt des veralteten Ausdrucks zu setzen:
„mag man die haussuchunge mit wundenn, zerhawenenn gebew-
denn — bewisen.‟   Also dachte man an die Schläge und Stiche
in Thür und Wand u. dgl., wie sie oben erwähnt sind, und ähnlicher Ansicht ist Sachsse S. 233, der bei Anführung jener
Stelle des kulmischen Rechts zu „gewundeten tzymmer‟ als Erklärung hinzusetzt: Hausbruch.   In der neuen Schrae von Soest
Art. 15 steht auch: „wey sin hus offte ander Tymmerunge to
einem Pande settet.‟   Allein auffallend wäre es doch, wie Leman bemerkt, ein Gebäude „gewundet‟ zu nennen, er hält es
daher eher für möglich, dass „tzymmer‟ in dieser Verbindung
einen Theil des menschlichen Körpers, besonders des Knochen-
gebäudes, bedeute, wobei er auf „Hirschzimmer‟ und „Rehzim-
mer‟ hinweist [37]).   Darnach liefe denn jener seltene Ausdruck
hinaus auf das bekannte „Beinschrot‟ oder „beinschrötige Wunde‟
(Haltaus p. 124. Grimm R. A. 629). Eine solche war „kampf-
würdig‟ und darauf kommt es in jener Stelle des kulmischen
Rechts eben an: „yener ist im näher zu antworten mit einem
Kampfe‟ vgl. daselbst III, 7 und die bei Haltaus p. 1065
angeführte Stelle des görlitzer Rechts: „Eine Wunde in das
Haubt, durch den Hirnschädel oder Knochen ist kampfer, die
heisst man eine beinschrötige Wunden.‟ vgl. Freiberg 143 ff.

   2) Für die Beantwortung der Frage, wann und wie der

---

37) Die richtige Schreibart ist aber „Ziemer,‟ also Hirschziemer etc.
und es ist fraglich, ob irgend ein Zusammenhang statt habe zwischen Ziemer und Zimmer s. Schwenck s. v. — Im Angels.
kommt „fugeltimber,‟ nach Ettmüller lex. Anglos. p. 354 in
der Bedeutung von avicula vor.

Beklagte seine Unschuld darzuthun hatte, ist es am passendsten mit dem bekannteren sächsischen Rechte zu beginnen.

a) Weichbild 343 (Thüngen): „Ist aber do nicht hanthafte tath dy man beweysen mag, so ist iener (der Beklagte) neher zu entgen selbsibende wan in yener uber zeugen mochte,“ Art. 13 (Mühler). Görlitz §. 13. Dist. II, 3, 2. Kulm II, 30 a. E. Neumarkt §. 10. — Goslar 50, 12: „Kumt he aver en wech, so untredet he sich des wol mit sineme rechte“ vgl. mit 33, 35 ff. (Albrecht I. §. 17. Not. 22. Göschen S. 508. Sachsse S. 218).

Das Recht des Angeklagten „selbsiebent“ sich frei zu machen findet sich auch Eger 13: „et si de tali inquisitione negaverit semet septimus expurgabit.“ Schemnitz 29: „Ist aber das der haimsucher entflewet oder entrynt und sich von der haimsuchung entschuldign wil, das mag er tuen mit siben frumen mannen, auf dem krewcz.“ Brünn Stadtr. 1243. Art. 2. In dem späteren Stadtrecht, wie in dem von Iglau, ist ein Unterschied gemacht nach den Arten der Heimsuchung, Art. 39. 110 s. unten lit. b.

b) Der wegen Heimsuchung Beklagte hat das Recht sich mit seinem Eide allein frei zu machen nach Goldberg §. 6, dem Stadtrecht von Freysing S. 196: „des laugen sol man nemen mit seinem ayd,“ aber erst dann wenn der Kläger nicht beweisen kann. München 1347. Art. 13. Leobschütz §. 15. 16. vgl. 11. Nach diesem letzteren Stadtrechte (1270) kann der Beklagte wenn niemand bei der Heimsuchung verwundet war, sich mit seinem Eide allein reinigen, wenn aber eine Verwundung vorlag, nur „selbdritt“. Iglau S. 219: „Si autem invasor quocunque modo effugerit et post hec innocens esse voluerit, cum probis viris metseptimus se in cruce expurgabit, vel uno jurato. Si vero simplex querimonia de aliquo invasore proposita fuerit, solus se in cruce expurgabit.“ Das brünner Stadtr. 39. 110 hat ebenfalls dieses verschiedene Beweisrecht des Beklagten, je nachdem die Klage „einfältiglich um Heimsuchung“ geführt, oder eine Erschwerung vorhanden ist und darauf sind auch wohl die Differenzen einiger anderen Stellen, an denen diess nicht ausdrücklich hervorgehoben ist, zurückzuführen; gleichfalls erhält die schwierige Stelle Goslar 33, 35 ff. dadurch einiges Licht. — Das oben S. 72 angeführte salfelder Statut hat freilich ohne allen Zusatz die Bestimmung: „he sal davor gerichten selbe drier nein sagen" s. auch Hof §. 12. Selbst sehr nahe mit einander verwandte Rechte, wie Ens, Wien und Haimburg, stimmen hierin nicht mit einander überein s. unten Nr. 3.

3) Wegen einiger Eigenthümlichkeiten hinsichtlich des Beweisverfahrens verdient eine Gruppe von Quellenzeugnissen, von denen die meisten Oesterreich angehören, eine besondere Berücksichtigung. Die erste Eigenthümlichkeit besteht darin, dass von dem Kläger ein Voreid verlangt wird (Würth zum Stadtr. von Wiener-Neustadt S. 74. Sachsse S. 192. 234. 283 [38]). Ens 19: „Quicunque ergo temeritatem illam sive invasionem domus, quae in vulgari heimsuche dicitur, exercuerit, cum domesticus inde querimoniam deponens eundem cum juramento quod in vulgari dicitur voreit ad hoc deducet quod sibi respondere tenebitur, oportet quod ipse suam probet innocentiam semet tertio idoneorum virorum, vel judicio aquae, vel ferri igniti, ita quod unum istorum sibi eligat, et si ita se expurgabit, liber erit a judicio." Wien 1221. §. 29 vgl. §. 15. 16. 17. 1244. §. 31. Haimburg S. 56. Brünn Stadtr. §. 2. vgl. §. 13. Regensburg S. 67. 111. Dieser Eid ist mehrfach iuramentum calumniae genannt und auch als solcher characterisirt, Brünn a. a. O.: „priusmet secundus iuret coram iudicio, quod nec invidiae nec inimicitiae causa nisi de culpabili conqueratur," Regensburg: „dass er in icht anmuetwille." Die directe processualische Folge dieses Eides, der nach der ganzen Sachlage bei handhafter That nicht verkommen kann, wird in den Stadtrechten von Ens und Wien angegeben mit den Worten: „ad hoc deducet [(der Kläger den Beklagten) quod sibi respondere tenebitur" und Haimburg: „dar zu pringt, dass er ihm antworten muss." Der Voreid soll regelmässig im

---

88) Ueber die Häufigkeit des Voreides im angelsächsischen Recht Marquardsen, über Haft und Bürgschaft bei den Angelsachsen (1852) S. 15.

Gericht abgeleistet werden und zwar „selbander“ oder „mit seinem und eins andern Mannes Eid.“ Der durch den Voreid des
Klägers zu antworten verpflichtete Beklagte kann sich durch seinen Eid mit Eideshelfern frei machen. Ueber die Zahl der Letzteren bestimmen aber die genannten Stadtrechte nicht gleichmäs-
sig. Ens: „semet tertio idoneorum virorum;“ Wien 1221 (1244.
1278): „semet quinto idoneorum virorum,“ Haimburg: „mit vier
erbern Mann zu ihm;“ Brünn: selbsibent. Ens hat hier aber
noch den Zusatz: „vel judicio aquae vel ferri igniti, ita quod
unum istorum sibi eligat.“ Hat er also zur Stütze seines Eides
nicht zwei erbare Männer, so ist sein letztes Recht die Wahl
des Gottesurtheils [39]). Dass schon in dem nur neun Jahr späteren, dem enser nachgebildeten wiener Stadtrecht das Gottes-
urtheil hier nicht mehr vorkommt, obwohl es im §. 2 und 25
desselben sich noch findet, kann wohl nur daraus erklärt werden, dass eine Krisis in der Ansicht über die Gottesurtheile sich
geltend machte. Schon 1159 waren durch ein Privilegium des
Bischofs Conrad von Passau für die Bürger der bischöflichen
Stadt St. Pölten die Ordalien abgeschafft (Meiller S. 5. Gengler S. 410), aber diess war, wie manche Stimme der Geistlich-
keit gegen die Ordalien, ohne allgemeineren Erfolg geblieben.
Sehr bemerkenswerth sind noch im enser Stadtrecht die Worte:
„ita quod unum istorum sibi eligat.“ Vergleichen wir nemlich
damit eine Stelle in dem Juramentnm pacis Heinrich IV (Pertz
IV, 58): „Si servus, tam lito quam ministerialis, iudicio aquae
frigidae, ita scilicet ut ipsemet in aquam mittatur,“ so dürfen
wir daraus entnehmen, dass, so wie unter Umständen (Wilda
in Ersch und Gruber's Encycl. s. v. Ordalien S. 461. Sachsse
S. 196 ff.) zum gerichtlichen Kampfe ein Stellvertreter gestellt
werden konnte, auch bei der Wasser- und Feuerprobe die Stell-
vertretung nicht ohne Gebrauch war. Wilda S. 462 f. ist hier
nicht genau.

Sehr ausführlich schildert den Rechtsgang betreffend die

---

39) lex Ribuar. XXXI, 5: „Quodsi in provincia Ribuaria iuratores in-
venire non potuerit, ad ignem seu ad sortem se excusare studeat.“

Heimsuchung, bei welcher „Kämpfer-Wunden" zugefügt sind, die
freiberger Statuten XXVIII. (bei W a l c h Art. 141 ff.), welche
dem Ende des 13. Jahrhunderts (1294) zugeschrieben werden
(W a l c h III, 149).

§. 22.

5. Strafen und Bussen der Heimsuchung und des Haus-friedensbruchs.

Unter den zahllosen Stellen, welche diesen Gegenstand berühren, lassen sich zwar diejenigen, die den Hausfriedensbruch
nennen und verpönen, und deren Zahl geringer ist, leicht sondern von denen, welche die Heimsuchung aufführen; da aber die
Heimsuchung vielfach eine über den ursprünglichen Sinn hinaus-
reichende Bedeutung erhalten hat und dadurch sich dem Hausfriedensbruch nähert (oben §. 18), so ist eine scharfe Sonderung
nicht wohl möglich, indem manche Stellen, welche nur die Heimsuchung nennen, die ursprüngliche Heimsuchung und ähnliche
Hausfriedensbrüche bedrohen.

I. Der bekannten Stelle im Ssp. II, 14. §. 5., an welcher
für den Friedbrecher überhaupt die Schwertstrafe festgesetzt ist,
entspricht der dieselbe Strafe drohende §. 62. des Stadtrechts-
buchs von Salzwedel, der aber doch in mehreren Punkten ver-
ändert ist. Eine Aenderung besteht darin, dass statt „de den
vrede breket" gesetzt ist „de den husvrede breket." Eine solche
Strafbestimmung für den Hausfriedensbruch findet sich auch in
dem älteren Stadtrecht von Schwerin §. 5: „Qui domus pacem
violaverit, capitali sententiae subjacebit." Braunschweig §. 8. (bei
G e n g l e r S. 36). Celle 25 (L e i b n i t z, Scriptores Brunsv. III.
p. 483). — Femarn 2: „Wer gebracken hefft Husfrede, Karck-
frede, Dingesfrede, und werd averwunnen, schall missen syn Lieff
und all sin Gut; isset so dat he sick vom unsertwegen mit unsern Ambtmann verdraget, schall he böten dem Kläger vöffte-
halve ℔." — Worms Rechtsbrief 1156 (L u d e w i g Reliq. II,
193): „Si quis — aliquem infra atrium suae mansionis fidenter
invaserit reus pacis habeatur." Nach dem kurz Vorhergehenden
ist diess = manu praescissa truncetur. Altenburg (W a l c h III, 96)

droht auch den Verlust der Hand, die aber durch Wedde und Busse gelöst werden kann. Nur Busse (= 8 talenta) bestimmt Bodenwerder §. 25.; auch Billwärder 64, aber hier ist unterschieden, ob der Hausfriede bei Tage oder bei Nacht gebrochen wurde und hervorgehoben, dass der dabei angerichtete Schaden noch ausserdem gebessert werden soll. — In den Statuten von Greussen 62—64 und Frankenhausen IV, 57. 60. 61. (s. oben §. 19.) sind Hausfriedensbruch, Ausheischen und Heimsuchen gesondert und unter verschiedene Bussen gestellt.

II. In dem grossen Detail über die Heimsuchung treten uns Stellen entgegen, welche dieselbe als eine schwere Missethat mit schwerer Strafe absolut bedrohen, solche, die eine Composition der verwirkten Strafe gestatten, solche, die eine hohe Busse anordnen und nur im Falle der Zahlungsunfähigkeit die Strafe zu Hals und Hand eintreten lassen und solche, die bloss Bussen bestimmen, welche aber vielfach nach der Schwere der Heimsuchung abgestuft sind, wobei denn auch nicht selten noch besonders die Besserung der bei der Heimsuchung geschehenen Verletzung oder des Schadens vorgeschrieben ist.

1) Unter den gar nicht mit der Regelmässigkeit, wie es Lehr- und Handbücher angeben [40]), in den altdeutschen Rechtsquellen auftretenden Malefiz- oder peinlichen Sachen, Missethaten,

---

40) Krug, Ideen zu einer gemeinsamen Strafgesetzgebung für Deutschland (1857) S. 108 spricht noch von den „bekannten vier Hauptrügen: Mord, Brand, Raub und Nothzucht" und will diese zum Kern einer neuen historischen Anordnung des speziellen Theils des deutschen Strafgesetzbuchs machen. Jene „bekannten vier Hauptrügen" sind aber nicht historisch, sondern eine Fabel, gegen welche schon Dreyer, Nebenstunden S. 69 ein Bedenken äusserte. vgl. Grimm R. A. 872. Mittermaier, deutsches Strafverfahren I. §. 4. Den Stellen, an welchen vier peinliche Sachen genannt werden, lassen sich mit leichter Mühe eben so viele gegenüberstellen, welche drei oder fünf und sechs aufführen. Ich will nur einige Stellen aus Grimm's Weisthümern hervorheben: I, 471. II, 22. 23. 41. 43. 44. Auch da, wo vier Sachen genannt werden, sind es nicht immer jene vier, Grimm, Wsth. III, 598. 716. 892.

Ungerichten, grossa maleficia, delicta majora, oder wie sie sonst mit grosser Varietät bezeichnet werden, ist am häufigsten die Heimsuchung mit genannt z. B. Weichbild (Thüngen) Art. 38: „Netzogen, wegelage und heymsuchen und totslege." Mühler Art. 6: „Not unde lage und heimsuche" vgl. Art. 13. Daniels Art. 87. Kulm II, 30. Görlitz 4. 17. Breslau 40. Neumarkt 7. Mühlhausen 8. 7. — Salfeld 10: „an der manslacht und an der dube und an der heimesuche und an der notnunft." — Augsburg S. 10: „Haimsuche, Diebstahl, Frevel und alle Gewalt." Regensburg S. 17: „umb Totschlege, umbe Notnuft, umb Leme, umb Haimsuchung, umb Wunden." Grimm Wsth. I, 233: „die vier ungricht nachtschach, nettzog, haymsuoch und friedbrech wunden" I, 307: „drü ding, das sint fliessend wunden, dieb und heimsuchen, dü sol ein vogt richten." I, 817 sind zusammengestellt Eidschelten, Marksteinrücken und Heimsuchen; II, 216. Heimsuchen, Gewalt, Dorenstossen, Messerzucken; II, 217. Heimsuchen, Wunden, Messerzucken, Fauststreiche; II, 226. Heimsuchen, Ausheischen, Gewalt, Messerzucken, Halsstreich u. s. w. Am gewöhnlichsten kommt Heimsuchen in der Verbindung mit Notnunft vor, was sich leicht aus der Gewalt erklärt, die bei diesen Missethaten gemeinschaftlich ist.

Die schwere Missethat der Heimsuchung ist mit verschiedenen schweren Strafen bedroht [41]). In dem Eide des allgemeinen Landfriedens Heinrich IV. von 1103 (Pertz IV, 60) lesen wir gleich zu Anfang: „Nullus alicujus domum hostiliter invadat, nec incendio devastet — et si quis hoc fecerit oculos vel manum amittat" und in dem viel späteren salfelder Stat. Art. 10. ist noch bestimmt, dass die Heimsuchung, wie der Todschlag und der Diebstahl und die Notnunft an den Leib gehe s. auch Weichbild (Daniels) 87. Mühler 13. Die Enthaup-

---

41) Alison p. 208: „The punishment of hamesucken, in aggravated cases of injury is death, in cases of inferior atrocity an arbitrary punishment." Er referirt, dass im Jahr 1809 noch in einem Falle die Todesstrafe ausgeführt, 1807 lebenslängliche, 1828 vierzehnjährige Transportation erkannt wurde.

tung drohen absolut Cölln 84. 86. Leobschütz 14. Iglau S. 219.
Brünn Stadtr. 39. Schemnitz 29. Mühlhausen S. 7. Dist. II, 3, 2.
Nordfriesland 64. Auch Freiberg XXVIII: „und slet in abe die
helse [42]) mit rechte." Noch strenger ist Ofen 229: „Der einen
Mensch jaget in eines andern haus, ist das er dem vorfluchtigen
nach volget mit gewapenter hand an das gericht, nur über den
druschubel (Thürschwelle), er ist des Hauptes verfallen. Viel
grösser ist das, ob einer einen in sein eigen Haus suchte mit
„versacz" und leidigte ihn, derselbig hat „verfelligk" Frid gebrochen, darin jeder man frid und gemach haben soll, und darum
verfellet er gleich einem morder, und man soll ihn auf ein rat
schlagen." Fast alle diese Stellen zeigen deutlich, dass sie die
Heimsuchung mit gewaffneter Hand oder Mannschaft oder diejenige im Auge haben, bei welcher schwere Unbill gegen den
Hausherrn oder die Hausgenossen vorgekommen sind, also die
Heimsuchung als wilder Ausdruck der Fehde und Feindschaft, so
dass es nicht so gar auffallend ist, wenn Quellen derselben Zeit
für einfache Heimsuchung bisweilen nicht einmal die höchste Busse
anordnen. Auf die gravirte Heimsuchung beziehen sich auch ausdrücklich mehrere Weisthümer. Grimm I, 331: „Der den andern suocht in sim huse bi nacht und bi nebel mit gewäffenter
hant, das ist lib und guot." I, 351. III, 739. vgl. Hamburg 1270.
XI, 1 ff. [43]).

____

42) Walch hat §. 143: die Hülfe!

43) In dem hamburgischen Rechte kommt der Ausdruck „Heimsuchung"
nicht vor, aber sehr deutlich die Sache. Schwierigkeiten macht
aber hier und in den nächstverwandten Rechten das damit in Verbindung auftretende „Vorsate" s. Trummer, Vorträge über
Tortur etc. I, S. 393 ff. III, 388. Lappenberg Einl. S. L. Un-
beachtet geblieben ist eine Stelle in einem alten hessischen Weisthum des Städtchens Wetter von 1239 (Grimm Wsth. III, 344):
„Item dicimus quod qui habet culpam minorem, que voirsatze
dicitur, vadiabit XX den." Eine starke Uebertreibung ist es, wenn
Mittermaier zu Feuerbach §. 54 Not. I. (14. Ausg.) sagt:
„Das Wort Vorsatz in den Quellen des Mittelalters bezeichnet
nicht Dolus, sondern ein eigenes Verbrechen." Vorsatz, Vorsate,

Im Landfrieden 1234 (Pertz IV, 301) ist die Acht gedroht: „Reysam que keymszuche dicitur, si quis commiserit, proscribatur." Ebenfalls im Landfrieden Rudolf I. von 1281 §. 6. 7. (Pertz IV, 427); aber hier sind schon Unterscheidungen gemacht und diese letztere Stelle zeigt, dass mit der Acht Strafe und Busse nicht absorbirt sind, sondern die Acht hat ihre Bedeutung gegenüber dem abwesenden Heimsucher vgl. Jäger's Ulm S. 308.

2) Aus dem über die Bussen bei der Heimsuchung von mir gesammelten Material genügt es wohl nur dasjenige hervorzuheben, was zur Characteristik des Bussensystems in Betreff derselben dient.

Schwsp. 301: „Die buss ist etwa ring etwa swer, yenach des landes gewonheit." In dieser allgemeinen Hindeutung zeigt sich der Character dieses Rechtsbuchs als eines allgemeinen im Gegensatz zu den particularen und localen Rechtsdenkmälern, welche genau die Bussen verzeichnen.

Frankfurt §. 21. nennt altiorem emendam und diese beläuft sich nach §. 8. auf 10 Pfund Pfennige s. auch Speier §. 36. [44]). Die Stelle des frankfurter Stadtrechts lautet: „Item excessus qui dicuntur heymsuchen, quicunque illum perpetrat vel facit, alciorem facit emendam et ad eam tenetur." Thomas S. 90 irrt, wenn er excessus in dieser Stelle in Verbindung setzt mit reysa im Landfrieden von 1234 (s. oben) und meint, es bedeute excessus „ein bewaffneter Auszug, um einen andern in seinem Hause, Burg oder Wohnsitz zu überfallen." Excessus ist eine sehr gewöhnliche Uebersetzung von „Frevel" und in diesem

---

Aufsatz, Ufsatz drückt sehr oft eine rechtswidrige Willensstimmung aus s. Goslar S. 91, 25. 30. S. 41, 81. S. 50, 8. S. 74, 17. Billwärder 41. Michelsen, Oberhof nr. 136: quade vorsate. Grimm Wsth. II, 291. Cölln 44: mit Aufsatze oder Argelist. München 1347 Art. 448. u. s. w.

44) Die Zehnzahl gibt hier, wie überhaupt im mittelalterlichen Bussensystem, den Grundton an: $2 \times 5, 10, 2 \times 10, 20, 30, 60$, aber auch oft die Dreizahl, 3, 2×3 etc. Das Letztere kommt namentlich in den schweizerischen Rechtsquellen vor.

Sinne ist §. 19. von einem excessus des bubulcus die Rede, der wohl schwerlich einen bewaffneten Auszug gemacht haben wird, s. auch §. 5. So steht auch im brünner Schöffenb. 400: excessus invasionis domus.

Die höchste Busse bestimmen auch manche andre Stellen, Grimm Wsth. II, 381. 382. III, 648. 661.

Im Statut von Soest §. 23 ist die Wedde 10 Mark und ein Fuder Wein: „decem marcas et carratam vini vadiabit;“ neue Schrae 9: „Vort mer so wey einem Burgere wegelaget offte mit Gewalt huyssöket. wart he des overwunnen. de sal dem Raid wedden tein Mark und ein Voder Wins,“ Diess ist nach dem hamburger, lübecker (I, 66. 91. 121. II, 87. 88.) soester und verwandten alten Rechten die höchste Geldstrafe [45]). (Lappenberg Einl. S. LII). Wenn es in der alten Schrae 23. heisst: „wey den anderen mit Versate huys soket unde

------

[45]) Geldstrafen und Bussen für Wein und Bier waren sehr gewöhnlich, Frankfurt §. 11. 12: quartale optimi vini. Grimm Wsth. III, 568. z. A. vgl. Walch II, 77 Anm. Sie wurden oft fröhlich vertrunken (Grimm R. A. 529). Orlamünde Stat. bei Walch a. a. O, Grimm Wsth. I, 580. 588. 589. 802. II, 87 vgl. Schauberg I, 212. Oesterr. Wsth. XXXIV, 55: „ob ain unbeschaiden weib ainem Man oder andern frawen zunahet mit worten redet, so sol sy der Richter in ein eisen pandt nemen, und sol ir den pachstein (vgl. I, 37. IV, 11. XI, 11. XII, 30. XIII, 34. XIX, 28. XXIII, 31. XXX, 59. CLXXXVII, 34. CC, 19. Grimm R. A. 720, Wsth. I, 264. Ofen 155 mit der Anm. Dist. V, 20, 7. Lappenberg Einl. S. LIII.) an den hals hangen und soll sy in dem dorf auf und nider fürn, von ainem valthor zum andern, und dieweil man sy puest, so soll der Richter des pesten weins ainen Emer nemen, so man in zu der Zeit haben mag und sol darein drei oder vier Assach legen, und all jung knaben als vil ir in dem Aigen sein, sollen den zu ainer gedachtaus austrinken, und den sol das pös weib bezalen, on alle widerred bei dem grossen wandl.“ — Eigenthümliche Bussen sind: ein Fuder Steine (Duderstadt bei Gengler S. 94), 1000 Ziegelsteine (Memmingen S. 284. 292), ein Pfund Wachs (Jäger's Ulm S. 537. 538).

slet eyne binnen einer Were, weyrt hey des evelghan, also eyn Recht is, dey hevet sinen hals verböret,“ so tritt diese Capitalstrafe des Todtschlags wegen ein.

Oft ist die Vertheilung der Wedde und Busse genau bestimmt. Strassburg 36: „componet iudici triginta solidos pre frevela; illi, quem invasit, componet suam missetat triplicatam.“ Augsburg S. 15. 79. Bamberg §. 193. Hof §. 12. Eger 19: „decem solidos iudici in domum et extra domum, et septuaginta duos denarios in domum et extra domum persolvet.“ Hier fehlt nach denarios ein Wort wie domestico, hospiti, leso, actori. Die wiederholten Worte in domum et extra domum bedeuten, dass doppelte Wedde und Busse gezahlt werden soll, für das Uebertreten der Schwelle beim Ein- und Ausgehen. So kommt in den österr. Weisthümern oft vor, dass der Verletzer des Hausfriedens so viel Mal zahlen soll, als er über die Thürschwelle gelaufen ist, XXX, 47: nach jedem drischübl 1 ℔, XXXI, 40. XL, 14. XLIX, 10: als oft er über ein drischübl kumbt, L, 14: so oft er damit über ein drischübl kumbt ist er der herrschaft 5 ℔ und am wider auslaufen auch nach jedem drischübl 5 ℔. Damit ist zu vergleichen, dass in den schweizerischen Rechtsquellen, in denen die Heimsuchung oft bezeichnet wird mit: überlaufen oder heimsuchen unter den russigen Raffen (oben §. 3.) nicht selten bestimmt ist, dass die Quote der Besserung für jeden Sparren gezahlt werden soll, den das Dach des Hauses hat s. Grimm Wsth. I. 39. 83. Herrschaftsrecht von Büron (Zeitschr. für schweiz. Recht V, 1. S. 108): „dem Secher von ietlichen raffen IX Pfd. und dem Herrn XXVII Pfund.“ Gleiche Bedeutung hat wohl der von Bluntschli angeführte Satz des Rechts von Regensburg 32: „als mannich schloss uf dem Tach sind.“ Vgl. Bluntschli, Staats- und Rechtsgesch. von Zürich II, 51, der aber keinen guten Ausdruck gewählt hat, wenn er S. 50 sagt: „Ebenso wirkt die Verletzung des Hausfriedens durch „Heimsuche“ und „Frevel unter den russigen Rafen“ auf Erhöhung der Strafe.“ Die Heimsuchung ist ein selbstständiges Delict, gibt nicht bloss einen Straferhöhungsgrund ab.

Für den Fall, dass der Angeschuldigte sich nicht entschuldigen kann, soll er nach dem Stadtrechte von Ens §. 19. zahlen 2 ✕ 5 talenta und bei Zahlungsunfähigkeit die Hand verlieren vgl. österr. Wsth. LXXVII, 34. CXCVII, 38. CCI, 37. Dieser eventuelle Verlust der Hand auch Wien 1221 §. 29, 1244 und 1278. §. 31, Haimburg S. 56; aber im Uebrigen weichen diese Stadtrechte bedeutend ab von ihrem Muster, indem sie nicht nur, wie oben §. 20 angegeben ist, Heimsuchung mit und ohne Vorbedacht unterscheiden, sondern auch verschiedene Bussen eintreten lassen, je nachdem jemand in dem Hause verwundet wurde oder nicht. Diese letztere Unterscheidung ist auch sonst geltend gemacht. Grimm Wsth. I. 489: „wer den andern in seiner behausung und auf dem seinen überliefe, doch nicht schlüge oder verwundte." Da soll nicht die höchste Busse, sondern die Frevelbusse eintreten. Verschiedene Bussen je nach der Schwere der Heimsuchung und des hinzutretenden Frevels sind vielfach bestimmt s. Baiern L. R. 180. 181. vgl. 60. Freysing S. 196. München 1347. Art. 13. 275. 276. Addenda S. 280. §. 51. Regensburg S. 110. Memmingen S. 273. 275. 276. 283. 292 z. A. Bamberg §. 193. 199. 437. Gerichtsb. Nr. XCII. §. 5. Magdeb. Wsth. Nr. 1. 64. Dist. II, 3, 2. Luzern 132. Einen modernen Zuschnitt hat schon Rudolstadt 1594 (Walch V, 41): „der soll fünf Gülden zur Strafe geben und den Schaden gelten, würde aber er die Geldstrafe nicht vermögen, so soll (er) nach Gelegenheit der Verbrechung willkührlich mit Gefängniss gestraft werden." Ebenso in dem gleichzeitigen Stat. von Blankenburg (Walch V, 86).

Mein Versuch aus den Quellen des deutschen Mittelalters vom zwölften bis zum sechzehnten Jahrhundert ein Bild zu gewinnen, in welchem der Hausfrieden nach seiner Bedeutung und nach seinen Wirkungen hervortrete, führte auf die Verletzungen desselben im mittelalterlichen Straf- und Bussenrecht. Die Weiterführung des letzteren Thema's durch das Gebiet des gemeinen deutschen Strafrechts und der neuen deutschen Strafgesetzbücher würde eine zweite Abhandlung von andrer Färbung ergeben: ich begnüge mich diesen letzteren Gegenstand im Folgenden nur zu skizziren.

§. 23.

III. Der Hausfriedensbruch im gemeinen deutschen Strafrecht.

Die Carolina hat keine Bestimmung über Heimsuchung und Hausfriedensbruch. Fragen wir nach dem Grunde dieser Unterlassung, so ergibt sich zunächst die auf ähnliche Fragen schon oft gebotene Antwort, dass ja die C. C. C. ihrem Zwecke nach peinliche Gerichtsordnung war und nicht zugleich vollständiges Strafgesetzbuch sein sollte. Dabei bleibt denn freilich die Frage, nach welchem Princip der Verfasser der Carolina resp. Bambergensis bei seiner Auswahl der Verbrechen verfuhr, unerledigt und diese Frage wird wohl nie vollkommen beantwortet werden. Dass er einzelne Verbrechen herausgehoben hat, so weit sie für seine Zeit besonders wichtig oder in ihr besonders häufig waren, diese Norm scheint zwar im Ganzen zuzutreffen, reicht aber nicht aus. Grade die Heimsuchung war bis zur Entstehungszeit der Bambergensis sehr gewöhnlich, wie ihre Berücksichtigung in den Rechten der verschiedenen Gegenden Deutschlands zeigt; aber sie war nur noch ausnahmsweise die alte mit der Fehde zusammenhängende schwere Verletzung des Hausfriedens, wie sie Wilda als germanisch geschildert hat; das Statutarrecht jener und der nächst vorhergehenden Zeit weis't sie dem Bussenrecht zu und nur die gravirten Fälle derselben werden strenger behandelt. Dieser Umstand, dass sie der Regel nach nicht peinlich gestraft werden sollte, kann als der Hauptgrund ihrer Uebergehung in der Bambergensis angesehen werden. Wie schon die italienischen Juristen die Tendenz hatten, dem Statutarrechte seine Geltung zu lassen in den Fällen, in welchen eine peinliche Strafe nicht eintreten sollte, so überlässt auch die Bamb. solche Fälle fast gänzlich den Localrechten[46]. Ausdrücklich ist diess, mit genauer Abgrenzung, in zwei Fällen, C. C. C. art. 167. 168. geschehen.

Als die Bildung eines gemeinen deutschen Strafrechts auf

---

46) Hälschner, Geschichte des Brandenburgisch-Preussischen Strafrechtes (1855) S. 86.

Grundlage der Carolina fortschritt, da überliess man freilich die Heimsuchung und ähnliche Verletzungen des Hausfriedens nicht der Behandlung nach particularen Rechten, um welche sich die Doctores iuris nicht sonderlich kümmerten. Wie weit selbst die Erinnerung an das, was die Heimsuchung in Verbindung mit der Würdigung des Hausfriedens ehedem in ganz Deutschland gewesen war, verloren ging, zeigt der Ausspruch eines späteren Juristen, G. Beyer, in einer eigens des Verletzung des Hausfriedens gewidmeten Abhandlung „de violatione securitatis domesticae (1709) [47]). Nachdem er sich im §. 1 beschwert oder gewundert hat über die seltene Erwähnung des Hausfriedens, meint er im §. 2, der Grund dieser Vernachlässigung liege darin, dass die allgemeinen und provinziellen Gesetze der Deutschen fast nie den Hausfrieden genannt hätten, sondern einige Spuren derselben seien aus den Statuten der Städte hervorzusuchen, welche letztere den Juristen der Neuzeit nicht wichtig genug seien, um ihnen eine besondere Aufmerksamkeit zu schenken. Der gleichzeitige Leyser ist freilich anderer Ansicht, indem er Spec. 591 erklärt: „Quae leges Germanorum non nostri demum seculi et particulares, sed antiquissimae et universales sunt," und am entschiedensten spricht sich, weil er sich in den Quellen des deutschen Rechts umgesehen hat, Boehmer (ad Carpzov qu. XL. obs. 2.) darüber aus, dass der Hausfriedensbruch deutschrechtlich und der Hausfrieden nicht von der römischen sanctitas larium herzuleiten sei; aber der Zug der romanisirten deutschen Rechtswissenschaft war nicht mehr aufzuhalten.

Da Heimsuchung und Hausfriedensbruch in der Carolina nicht aufgeführt waren, so machte für die Behandlung der Verletzungen, welche nach deutschem Rechte in diese Kategorie gefallen waren, der Art. 105 der C. C. C. „von unbenannten peinlichen Fällen und Strafen" den Wegweiser zu den „Kaiserlichen Rechten" hin. Die Gewalt, ein Moment der Heimsuchung, indicirte die weitere Richtung. Ueber vis publica und privata bot

---

47) Ich kenne diese Abhandlung nur aus Leyser's Anführung.

das römische Recht wenigstens Detail genug; dass das crimen
vis der Römer auf ganz anderer Grundlage ruhte als die Heimsuchung und der Hausfriedensbruch des deutschen Rechts, gab
keinen Anstoss; dass der Unterschied von vis publica und vis
privata sehr schwer aus dem Detail der römischen Rechtsquellen
zu ermitteln war, ebenso wenig. Man glaubte, dass Justinianus
diese Unterscheidung mit vis armata und non armata identificirt habe und in diesem Sinne wurde er auf die zu einer Spe-
cies des crimen vis gemachte violatio securitatis s. pacis domesticae angewendet. Vom alten deutschen Hausfriedensbruch klang
nur noch der Name nach. Carpzov, sich auf verschiedene
Vorgänger berufend (Pract. qu. XL. §. 11. Defin. for. IV, 18,
4.) stellt unter der Rubrik „de poenis commissae vis publicae
atque privatae" die beiden Fälle zusammen, wo jemand eine
Schildwache durchprügelt und wo er den Hausfrieden bricht:
„Saepius accidit, ut quis hostili animo quid mali adversus civitatem seu aedes alicujus privati, violando earundem securitatem,
moliatur, veluti pulsando aut verberando vigiles, quae in excu-
biis stant, in aedes irruendo rapiendi aut nocendi animo aliesve,
ut id faciant, excitando et alliciendo (der den Stadt- und Hausfrieden bricht). Hic licet vim majorem non adhibeat, nec pro
reo criminis fractae pacis haberi debeat, nihilominus tamen vim
facit, vel publicam, si armis utatur, vel privatam, si inermis
fuit, adeoque poenam judicis arbitrariam incurrit."

Andere Schriftsteller des gemeinen deutschen Strafrechts
machten mit dem Hausfriedensbruch noch weniger Umstände;
sie erwähnen ihn kurz als unter einer arbiträren Strafe stehend.
Kress ad C. C. C. art. 105 hebt ihn hervor als einen der unbenannten peinlichen Fälle und argumentirt, der Richter könne
bei solchen Delicten körperliche Züchtigung und infamirende
Strafe verhängen, denn da kein betreffendes Gesetz existire,
würde ja auch solche Bestrafung durch kein Gesetz verboten.
Quistorp §. 191 erklärt, dass zwar Landes- und statutarische
Gesetze die Verletzung des Hausfriedens den bewandten Umständen nach am Leib oder Leben bestrafen wollten, nach dem
Gerichtsgebrauch pflege man es aber gewöhnlich bei einer ge-

schärferen Strafe als sonst wegen der geschehenen Beleidigung
oder Beschädigung an und für sich statt gefunden haben würde,
bewenden zu lassen und daher in Fällen wo Geldbusse oder Ge-
fängnissstrafe anwendbar seien, solche zu erhöhen oder in etwas
zu schärfen. Diese Richtung, den Hausfriedensbruch nur als ein
erschwerendes Moment der Strafbarkeit anderweitiger Delicte zu
nehmen, ist schon bei Carpzov, Pract. qu. XL, §. 13 erwähnt
und wurde gefördert durch die Bestimmung eines sächsischen
Mandats vom 15. April 1706, dass die Strafe der Injurie um
die Hälfte steigen solle, wenn durch Thätlichkeiten zugleich der
Hausfrieden gebrochen sei (Püttmann, Elem. §. 191). Auch
bei Wächter §. 131 ist die Verletzung des Hausfriedens, wie
des Burgfriedens, verwiesen unter die „Momente, welche auf
die Strafbarkeit des Verbrechens besonders von Einfluss sind.“
Feuerbach §. 404 erwähnt in dem Abschnitte von der Gewaltthätigkeit den verletzten Hausfrieden nur in einer Note als
einen beschwerten Fall der Privatgewalt. Aehnlich Grolman
§. 231 und Martin §. 187, der aber auch den Namen nicht
mehr aufführt, sondern mit Verweisung auf l. 5 pr. et §. 2—5.
D. de injur. die Qualität des Orts als Erschwerungsgrund der
Gewaltthat geltend macht. Nicht so summarisch verfährt Heff-
ter, der dem Hausfriedensbruch einen eignen Paragraphen wid-
met, welcher Inhalt hat, §. 357, und zwar unter der Rubrik „Verletzung der befriedeten Sachen nach deutschen Rechten,“ und
Abegg, welcher in einem Abschnitt „von den Verbrechen gegen den gemeinen Frieden und die Sicherheit“ im §. 393 den
Burg- und Hausfrieden behandelt. Henke III, S. 287 bespricht
zwar den Hausfrieden und den Hausfriedensbruch, hält aber ihre
Berücksichtigung im gemeinen deutschen Strafrecht nicht für
nothwendig. Marezoll §. 70 drückt sich unsicher aus.

Die gegebenen Notizen zeigen, dass Hausfrieden und Hausfriedensbruch im gemeinen deutschen Strafrecht fast zur Bedeu-
tungslosigkeit herabsanken und dass kaum etwas mehr darin
gesehen wurde als ein Märchen aus alten Zeiten. Daher ist es
auffallend, wenn Temme, Lehrbuch des preussischen Strafrechts
S. 882 Anm. 2 sagt: „Die gemeinrechtliche Doctrin hatte vol-

les Recht zu seiner (nemlich des Hausfriedens) Herverhebung.“ Allerdings hätte sie sich dieses Rechtes bewusst werden können, das geschah aber nicht.

§. 24.

IV. Der Hausfriedensbruch in den neuen deutschen Strafgesetzbüchern.

Die neuen deutschen Strafgesetzbücher haben den im gemeinen deutschen Strafrecht verkommenen Begriff des Hausfriedensbruchs wieder gehoben, aber seine alte Grundlage erhielt er nicht zurück. Es wurde ein neuer Gesichtspunkt für denselben gesucht und so entstanden particulare Verschiedenheiten in der systematischen Einordnung und in der Gestaltung und Begrenzung des Begriffs. Die Bezeichnung „Heimsuchung“ wurde nicht wieder aufgenommen, obgleich deren Bedeutung denn doch noch nachklingt [47]. Wenn man nun auch einerseits geneigt sein könnte, es zu bedauern, dass der früher verlassene Weg der historischen Weiterbildung eines echtgermanischen Begriffs nicht wieder eingeschlagen wurde, so wird doch grade der Rechtshistoriker anerkennen müssen, dass dieses nicht möglich war, auch wenn er die Behandlung der Verletzung des Hausfriedens im gemeinen deutschen Strafrecht dem schärfsten Tadel unterwirft und die Bestimmungen der deutschen Strafgesetzbücher, die sich durch ihre Divergenzen kein günstiges Zeugniss geben, nicht gutheissen kann. Seit der Hausfrieden in seiner Blüthe dastand, hat sich in Betreff „guter Polizei und löblicher Ordnung, als auch der heilsamen Justiz“ vieles geändert; der Staat und die Rechtsordnung sind consolidirt und das Verhältniss des Bürgers zum Staat ist jetzt ein anderes als in dem schwachen Staate des deutschen Mittelalters, wo die starke Hand des Einzelnen die gewaltthätigen Eingriffe Anderer in seine Rechtssphäre zurückschlagen musste. Die Sitten sind milder geworden und der Staatsbürger kommt seltener in die Lage sich gegen Gewalt vertheidigen zu müssen, als vor Hinterlist und Betrug zu schützen.

---

47) Häberlin, Grundsätze des Criminalrechts II, S. 287.

Bei solcher Anschauung der Gegenwart bleibt dem Rechtshistoriker, der jedes Stück Rechtsgeschichte als ein Stück Culturgeschichte erfasst, die Freude unbenommen mit Liebe zu verweilen in dem Rechtsgebiete einer fernen Culturepoche und auch dem Romantiker mag man das Entzücken gönnen, wenn er den Hausfrieden als eine glänzende Erscheinung in dem Bilde altdeutschen Lebens preis't; aber der Jurist darf nicht Romantiker sein, wo er Jurist sein soll. Wenn der Jurist in die Geschichte des Rechts der Vergangenheit zurückgeht, wird er nicht bloss die Lichtseite, sondern auch die Schattenseite sehen; dem Romantiker prangt die Vergangenheit in Glanz und schönen Farben. Wenn der Jurist den alten Hausfrieden in seiner ganzen vollen Bedeutung erkennt, so erkennt er eben auch dessen Hintergrund zügelloser Gewalt und wilder Fehde; er weiss, dass dem Hauswirth so viel Macht in die Hand gelegt war, weil so viel Eigenmacht ihn bedrohte. Wollen wir das helle Licht, so müssen wir auch den dunklen Schatten wollen.

Von dem angegebenen Standpunkte aus werden wir den Versuchen der neuen Strafgesetzgebung dem Hausfriedensbruch zur grösseren Selbstständigkeit zu verhelfen, als es im gemeinen deutschen Strafrecht der Fall war, und somit auch den Hausfrieden als einen Begriff im neudeutschen Leben anzuerkennen, unsern Beifall im Ganzen nicht versagen dürfen, wenn wir auch darin keine Wiedergeburt des deutschen Mittelalters sehen.

Der durch die regelmässige Hinstellung des Hausfriedensbruchs im neuen deutschen Strafrecht für lebensfähig erklärte Hausfrieden ist nicht für sich ein höherer Frieden, sondern aufgehend in dem „öffentlichen Rechtsfrieden im Staat" (Baiern 1813. §. 422. 423) oder in der „öffentlichen Sicherheit im Staate" (Hannover). Dem Gattungsbegriff des Friedens halten in der Rubricirung auch fest: Württemberg „von Friedensstörungen," ebenso Graubünden; Sachsen 1855. „Von Auflehnung gegen die öffentliche Auctorität und von Friedensstörungen," und ganz ähnlich Weimar. Thurgau hat die generelle Bezeichnung vermieden, gehört aber doch in diese Gruppe, wenn es rubricirt: „Von der Vereinigung in Banden, von dem Landfriedensbruche, der Störung des Hausfriedens und der Störung in Ausübung öffentlicher Rechte."

Eine andre Gruppe von Gesetzbüchern lässt den Hausfriedensbruch in der Gewalt aufgehen, schliesst sich also dadurch im Ganzen an das gemeine deutsche Strafrecht an: Oesterreich „von öffentlicher Gewaltthätigkeit;" Grh. Hessen „von Gewaltthätigkeiten und Drohungen." Während diese beiden Gesetzbücher den Hausfriedensbruch zwar nicht nennen, aber doch charcterisiren, ist im badischen Str. G. B. sowol der Name als die Beschreibung unterlassen und wir erfahren nur aus dem Commissionsbericht der ersten Kammer (s. Thilo zu §. 273 a. E.), dass die Störung des Hausfriedens, wie der Landfriedensbruch, ganz von dem allgemeinen Begriffe der Gewaltthätigkeit absorbirt werde.

Eine dritte Classe nimmt den Hausfriedensbruch als Verletzung der persönlichen Freiheit: Braunschweig „Verbrechen wider die Freiheit der Person;" Freiburg „von den Verbrechen gegen die Freiheit Anderer" (darunter: Verletzung des Hausrechts §. 196 ff. vgl. 347); Preussen „Verbrechen und Vergehen wider die persönliche Freiheit" und „Uebertretungen in Beziehung auf die persönliche Sicherheit, Ehre und Freiheit." Dieses Str. G. B. hat nemlich die Verletzung des Hausfriedens (oder Hausrechts, nach dem Ausdruck des allg. Landrechts) an zwei Stellen behandelt: 1) die qualificirte Art, welche auf die alte Heimsuchung zurückführt, im §. 214: „Wenn mehrere Personen sich zusammenrotten und in der Wohnung, das Geschäftszimmer oder das befriedigte Besitzthum eines Anderen — widerrechtlich eindringen etc." 2) die einfache Art, welche nur Polizeiübertretung ist, im §. 346: „wer in die Wohnung, das Geschäftszimmer oder das befriedigte Besitzthum eines Andern — widerrechtlich eindringt, oder wenn er ohne Befugniss darin verweilt, auf geschehene Aufforderung sich nicht entfernt."

Luzern hat die „Verletzung des Hausrechts" im Polizeistrafgesetzbuche §. 69 placirt, unter der Rubrik „von den Vergehungen gegen Leben, Leib und Freiheit." Dadurch werden die heterogensten Sachen zusammengeworfen; auf den Namen einer systematischen Anordnung kann ein solches Conglomerat keinen Anspruch machen.

Die systematische Einordnung eines Delicts und dessen Begriff stehen in nothwendiger Wechselwirkung. Wie daher die Stellung der Verletzung des Hausfriedens oder des Surrogats derselben sehr verschieden ist in den Systemen oder Quasi-Systemen der Strafgesetzbücher, so ist es auch die Beschreibung und Begrenzung des Begriffs. Weil man den historischen Faden verloren hatte, trat Willkühr ein. Durch Einfachheit und Anschliessen an das alte deutsche Recht, ohne aber etwas in die Gegenwart hereinzutragen, was der Vergangenheit anheimfällt, zeichnet sich der „Störung des Hausfriedens" überschriebene Art. 180 des hannoverschen Str. G. B. aus und seine Fassung ist so klar und bestimmt, dass die Subsumtion der betreffenden Fälle leicht wird. Die Coordinirung mit Brandstiftung, Verursachen einer Ueberschwemmung kann ich freilich nicht billigen. Der Artikel lautet: „Wer widerrechtlicher Weise in eines Andern Wohnung gewaltsam eindringt, oder einen Andern in seiner Wohnung durch Gewalt beunruhigt, macht sich der Störung des Hausfriedens schuldig und soll mit Gefängniss, bei erschwerenden Umständen, insbesondere wenn er sich mit Waffen versehen hatte, mit Arbeitshaus bestraft werden." Es ist der Begriff des Hausfriedens gewahrt, wie er noch im Bewusstsein des deutschen Volkes lebt und diejenige Verletzung desselben, welche nach diesem Bewusstsein nicht ungestraft bleiben darf, in einer Weise verpönt, dass dem Richter der Spielraum zugestanden ist, die einschlagenden Fälle nach ihrer Individualität gerecht zu behandeln. Wenn ich mich hier auf das Bewusstsein des deutschen Volkes berufe, so ist das weder Schwärmerei noch eine Fiction, die da aushelfen soll, wo das juristische Denken aufhört. Das deutsche Haus hat seine Weihe wie in alter Zeit, der Hausfrieden ist kein verklungener Ton, und von der Hausehre „ist viel guter dinge kommen."

Uebersicht der abgekürzten Citate.

***

Appenzell — Landbuch des Cantons Appenzell-Ausserroden. Trogen 1828.

Augsburg — Stadtbuch von 1276 in: v. Freyberg's Sammlung deutscher Rechtsalterthümer I, 1. Mainz 1828.

Baiern L. R. — Kaiser Ludwig's Rechtsbuch 1346 in: v. Freyberg's Sammlung histor. Schriften. Bd. IV.

Bamberg — Das alte Bamberger Recht — von Zoepfl. 1839.

Basel L. O. — Landesordnung von 1611 und 1654 in der Zeitschrift für schweizerisches Recht III, 1. Basel 1854.

Bern — Die Berner Handfeste von 1218 in: Gaupp, deutsche Stadtrechte II.

Billwärder — Das Billwärder Recht bei Lappenberg, hamburgische Rechtsalterthümer I. 1845.

Blankenburg — Statuten der Stadt Blankenburg 1594 in Walch's verm. Beiträgen. Bd. V.

Bremen — Vollständige Sammlung alter und neuer Gesetzbücher der Stadt Bremen herausg. von G. Oelrichs. 2 Theile. 1771.

Breslau — Das von den Schöffen und Rathmännern von Magdeburg — der Stadt Breslau 1261 mitgetheilte Recht in: Gaupp, das alte Magdeb. u. Hallische Recht S. 229 ff.

Brünn — Die Stadtrechte von Brünn aus dem XIII. u. XIV. Jahrh. — von Rössler. Prag 1852.

Cölln — Statuta und Concordata der h. freyen Reichs-Statt Cölln 1437.

Colmar — Das Recht der Stadt Colmar 1298 in: Gaupp, deutsche Stadtrechte I.

Dattenried — Stadtrecht von Dattenried im Suntgau 1358 in: Gaupp, deutsche Stadtrechte II.

Dinkelsbühl — Statuten aus dem XIV. Jahrh. herausg. von **Pfeiffer** in: **Haupt's** Ztschr. für deutsches Alterthum Bd. VII. S. 94 ff.

Dist. — Das Rechtsbuch nach Distinctionen — von **Ortloff** 1836 (dessen: Sammlung deutscher Rechtsquellen Bd. I.)

Ditmarschen — Sammlung altditmarscher Rechtsquellen von **Michelsen**. 1842.

Eger — Das Recht der Stadt Eger 1279 in: **Gaupp**, deutsche Stadtrechte I. und bei **Gengler** S. 97.

Eisenach — Eisenachisches Rechtsbuch aus dem XV. Jahrh. in: **Ortloff's** Sammlung I.

Ens — Stadtrecht von Ens im Erzherzogthum Oesterreich 1212 in: **Gaupp**, deutsche Stadtrechte II.; auch bei **Meiller** S. 10 ff.

Femarn — Jus provinciale Femariae 1558 (in niedersächsischer Sprache) in: **Dreyer's** Sammlung verm. Abhandlungen II. S. 1031 ff.

Frankenhausen — Statuten von 1558 bei **Walch** I. S. 185 ff.

Frankfurt — Stadtrecht von Frankfurt a. M. 1297 in: **Thomas**, Oberhof S. 217 und bei **Gengler** S. 115.

Freiberg — Statuten von 1294 (?) in **Schott's** Sammlungen zu den deutschen Land- und Stadtrechten III. (1775) und in einer neueren oft den Sinn entstellenden Form und Sprache bei **Walch** III. S. 147 ff.

Freiburg — Stiftungsbrief für Freiburg im Breisgau 1120, Stadtrodel, vermuthlich aus dem Anfange des XIII. Jahrh. bei **Gaupp** II.; der erstere auch bei **Gengler** S. 125.

Freiburg im Uechtlande — Handfeste von 1249 bei **Gaupp** II.

Freysing — Stadtrecht von 1359 in: **Freyberg's** Sammlung histor. Schriften V. S. 161 ff.

Gaupp — Deutsche Stadtrechte des Mittelalters. 2 Bände. 1851. 52.

Gaupp Magdeb. — Das alte Magdeburgische und Hallische Recht. 1826.

Gengler — Deutsche Stadtrechte des Mittelalters. 1852.

Gera — Statuten von 1487 bei **Walch** II. S. 87.

Glarus — Das alte Landbuch des Kantons Glarus herausg. von **Blumer** in: Ztschr. für schweiz. Recht Bd. V. Heft 2. (1856).

Görlitz — Das von den Schöffen in Magdeburg im J. 1304 der Stadt Görlitz mitgetheilte Recht bei **Gaupp Magdeb.** S. 269.

Göschen — Die Goslarischen Statuten — von O. **Göschen** 1840.

Goldberg — Das von den Schöffen in Magdeburg an Herzog Heinrich I. für seine Stadt Goldberg eingesandte Recht bei **Gaupp Magdeb.** S. 219.

Goslar s. Göschen.

Greussen — Statuten 1556 bei Walch VII. S. 61.

Grimm R. A. — Deutsche Rechtsalterthümer von Jacob Grimm. Zweite Ausgabe. 1854.

Grimm Wsth. — Weisthümer gesammelt von Jacob Grimm. 3 Theile. 1840—42.

Haimburg — Stadtrecht von 1244 bei Meiller S. 52 ff. vgl. Bischoff österr. Stadtrechte S. 36.

Haltaus — Glossarium Germ. medii aevi Lips. 1758.

Hamburg — Die ältesten Stadt-, Schiff- und Landrechte Hamburgs, herausgegeben von Lappenberg 1845 (Hamburgische Rechtsalterthümer Bd. I.)

Hof — Statut von 1486 in: Mencken Scriptores rer. Germ. III. 708 ff.

Jäger — Ulm's Verfassung, bürgerliches und commercielles Leben im Mittelalter — von C. Jäger 1831. (Schwäbisches Städtewesen. Bd. I.)

Iglau — Stat. von 1248 (?) bei Dobner Monum. hist. Boemiae IV p. 205 ff. vgl. Bischoff österr. Stadtr. S. 43.

Innsbruck — Stadtrecht 1239 bei Gaupp II, 253.

Kaiserrecht — Das Keyserrecht nach der Hdschr. von 1372 — herausg. von Endemann. 1846.

Klagenfurt — Stat. von 1338 bei Gengler S. 220.

Kulm — Das alte Kulmische Recht mit einem Wörterbuche herausg. von C. K. Leman 1838.

Landshut — Stat. von 1279 bei Gaupp I. S. 151.

Langensalza — Stat. von 1556 bei Walch VII, 243.

Leman s. Kulm.

Leobschütz — Handfeste von 1270 bei Gengler S. 247.

Lübeck — Das alte Lübische Recht — von Hach. 1839.

Lüneburg — Das alte Stadtrecht von Lüneburg herausg. von Kraut 1846.

Luzern — Stadtrecht von Luzern in seiner ältesten Fassung herausg. von Segesser in der Ztschr. für schweiz. Recht V, 1. (1856) — auch besonders ausgegeben.

Magdeb. Schöffenbescheide — bei: Mühler, deutsche Rechtshandschriften des Stadtarchivs zu Naumburg S. 84 ff.

Magdeb. Wsth. — Magdeburger Weisthümer — herausg. von Neumann. 1852.

Meiller — Oesterr. Stadtrechte und Satzungen aus der Zeit der Babenberger — zusammengestellt von Andr. v. Meiller (abgedruckt aus dem X. Bde des Archivs für Kunde österr. Geschichtsquellen).

Memmingen — Rechtsbuch 1396 in Freyberg's Samml. histor. Schriften V. S. 239.

Mühler — Deutsche Rechtshandschriften des Stadtarchivs zu Naumburg 1838.

Mühlhausen — Das alte Rechtsbuch der Stadt Mühlhausen aus dem 13. Jahrh. — herausg. von E. G. Förstemann. 1843.

München 1294 — Rechtsbrief Herzog Rudolf I. vom 19. Juni 1294, bei Gengler S. 293.

München 1347 — Stadtrechtsbuch Kaiser Ludwig IV. von 1347 in: Stadtrecht von München — herausg. von Auer. 1840.

Murten — Stadtrodel und Freiheitsbrief von 1377 bei Gaupp II. 152 ff.

Neumarkt — Das von den Schöffen in Halle 1235 an — Neumarkt gesandte Recht bei Gaupp Magdeb. S. 223.

Nordfriesland — Codex iuris Frisici borealis 1426 (in niedersächsischer Sprache) in Dreyer's Sammlung verm. Abhdl. I, 473.

Nordhausen — Die Gesetzsammlungen der Stadt Nordhausen im 15. u. 16. Jahrh. — herausg. von E. G. Förstemann 1843.

Oesterr. L. R. — Die beiden österr. Landrechte aus dem 13. Jahrh. bei Meiller S. 62. 73.

Oesterr. Wsth. — Die Pan- und Bergtaidingbücher in Oesterreich unter der Enns herausg. von Kaltenbaeck, 2 Bde. 1846. 47.

Ofen — Stadtrecht von 1244—1421, erläutert u. herausg. von Michnay u. Lichner 1845.

Orlamünde — Stat. aus dem 14. Jahrh. bei Walch II, 61.

Passau — Rechtsbriefe von 1225 u. 1300 bei Gengler S. 343.

Pertz — Monumenta Germaniae historica Tom. IV. (Legum Tom. II.)

Prag — Das altprager Stadtrecht aus dem XIV. Jahrh. — von Rössler 1845.

Regensburg — Die ältesten Statuten der Stadt Regensburg in: Freyberg's Sammlung histor. Schriften Bd. V.

Rudolstadt — Stat. von 1594 bei Walch V, 21.

Ruprecht Freys. — Das Stadt- und das Landrechtsbuch Ruprechts von Freysing — von G. L. v. Maurer 1839.

Salfeld — Stadtrechtsbuch aus dem XIV. Jahrh. (?) bei Walch I, 1. vgl. Gengler S. 392.

Salzwedel — Stadtrechtsbuch aus dem XV. Jahrh. bei Gengler S. 395.

Schauberg — Zeitschrift für noch ungedruckte schweizerische Rechtsquellen. 2 Bde. Zürich 1844. 47.

Schemnitz — Das alte Stadt- und Bergrecht der kgl. Frey- und Bergstadt Schemnitz in Ungern aus dem XIII. Jahrh. herausg. von Wenzel in den (wiener) Jahrbüchern der Literatur Bd. 104. Anzeigeblatt. s Bischoff, österr. Stadtrechte S. 140.

Schlaiz — Statuten von 1625 bei Walch VIII, 54.

Schmeller — Bayrisches Wörterbuch. 4 Bde. 1827—37.

Schmitthenner — Kurzes deutsches Wörterbuch völlig umgearbeitet von Weigand (3. Aufl.) 1853 ff.

Schwenck — Wörterbuch der deutschen Sprache (4. Aufl.) 1855.

Schwsp. — Schwabenspiegel (Landrecht) nach der Ausg. von Lassberg 1840.

Schwyz — Das Landbuch von Schwyz — herausg. von Kothing. 1850.

Schwyz Rechtsq. — Die Rechtsquellen der Bezirke des Kantons Schwyz — herausg. von Kothing. 1853.

Soest — Die alte Willkür aus der ersten Hälfte des XII. Jahrh. (Hegel, Städteverfassung II. S. 443) in lateinischer Sprache bei Gengler S. 441.

Soest Schrae — Die alte und die neue Schrae in: Emminghaus Memorabilia Susatensia. 1749.

Solothurn — Rechtsbrief K. Rudolf I. vom J. 1280 im: Wochenblatt von Solothurn 1828. S. 414.

Speier — Das beschriebene Gericht von 1328 in: Lehmann's Chronica der freien Reichsstadt Speyer, Buch IV. cap. 16.

Ssp. — Sachsenspiegel (Landrecht) nach der Ausg. von Sachsse. 1848.

Strassburg — Aeltestes Stadtrecht bei Gaupp I, 48. Gengler S. 471. vgl. W. Arnold Verfassungsgesch. der deutschen Freistädte I. S. 90.

Thurgau — Rechtsquellen des Thurgau herausg. von Fr. Ott in der: Ztschr. für schweiz. Recht L (1852).

Ulm — Stadtrecht 1296 in Jäger's Ulm S. 729 und bei Gengler S. 502.

Wackernagel — Wörterbuch zum altdeutschen Lesebuch (2. Ausg.) 1839.

Walch — Vermischte Beyträge zu dem deutschen Recht, 6 Theile. Jena 1771—1798.

Walch diss. — Exercitatio de pace domestica in seinen: Opuscula II p. 116 sqq.

Weichbild — Das s. g sächsische Weichbild ist citirt nach den Ausgaben von Thüngen (1837), Mühler, in der oben angeführten Sammlung S. 37 ff., Daniels (1853).

Weigand — Wörterbuch der deutschen Synonymen. Mainz 1848.

Wesel — Stadtrechtsbrief 1277. Auszüge bei Gengler S. 523.

Wien 1221 — Herzog Leopolds Stadtrecht bei Gaupp II, 238. Gengler S. 530. Meiller S. 14.

Wien 1244 — H. Friedrich II. Stadtrecht bei Meiller S. 45 vgl. Bischoff S. 174.

Wien 1278 — K. Rudolf I. Privilegium bei Bischoff S. 177 ff.

Wiener-Neustadt — Das Stadtrecht von Wiener-Neustadt aus dem XIII. Jahrh. (?) — von Joseph von Würth. 1846. und bei Meiller S. 21 ff.

Ziemann — Mittelhochdeutsches Wörterbuch 1838.

Zips — Willkür der Sachsen in dem Zips, Beilage I. zum Ofner Stadtrecht.

Zöpfl — Einleitung zum alten bamberger Recht s. Bamberg.

Zürich — Der Richtebrief der Burger von Zürich 1304, mitgetheilt von Fr. Ott im Archiv für schweiz. Geschichte Bd. V. (1847) S. 148 ff.

Zug — Stadt- und Amtbuch von 1432. 1566. in der Ztschr. für schweiz. Recht Bd. I. (1852).

Mohl, Robert von, die Geschichte und Literatur der Staatswissen-
schaften. In Monographieen dargestellt. gr. 8. geh. I. Bd. 3 Thlr.
14 Sgr. oder 6 fl. II. Band 3 Thlr. 14 Sgr. oder 6 fl.
(Der III. Band erscheint noch im Laufe dieses Jahres.)

Oppenheim, Heinrich Bernhard, Jur. utr. Dr., praktisches Handbuch der Consulate aller Länder. gr. 8. geh. 1 Thlr. 22 Sgr. od. 3 fl.

Ofenbrüggen, Eduard, Abhandlungen aus dem deutfchen Strafrecht.
I. Band. gr. 8. geh. 1 Thlr. 12 Sgr. oder 2 fl. 24 fr.

Renaud, Dr. Achill, Kritik des Entwurfs einer schweizerischen Wech-
selordnung. gr. 8. geh. 6 Sgr. oder 18 kr.

Repertorium über die fünf erſten Jahrgänge (1849—1853) der Zeit-
ſchrift: Gerichtsſaal. Herausgegeben von Dr. Ludwig von Jage-
mann. gr. 8. geh. 16 Sgr. ob. 56 fr.

Risch, Dr. Carl, Die Lehre vom Vergleiche mit Ausschluss des Eides
und Compromisses. Nach gemeinem Civilrechte bearbeitet. Von der
Juristen-Facultät der Universität München gekrönte Preisschrift eingeleitet durch ein Vorwort des Herrn Prof. Dr. L. Arndts. gr. 8.
geh. 1 Thlr. 6 Sgr. oder 2 fl.

Rückert, Dr. Ludwig, Der Begriff des gemeinen deutfchen Privatrechts.
8. geh. 20 Sgr. oder 1 fl. 12 fr.

Sachße, Prof. Carl Robert, Das Beweisverfahren nach deutfchem,
mit Berückfichtigung verwandter Rechte des Mittelalters. gr. 8. geh.
1 Thlr. 14 Sgr. oder 2 fl. 30 fr.

Schürmayer, Dr. J. H., Handbuch der medicinischen Policei. Nach
den Grundsätzen des Rechtsstaates, zu academischen Vorlesungen
und zum Selbstunterrichte für Aerzte und Juristen. Zweite verbes-
serte und mit einem Sachregister versehene Auflage. gr. 8. geh.
3 Thlr. 2 Sgr. oder 5 fl. 24 kr.

— — — Lehrbuch der gerichtlichen Medicin. Mit Berücksichtigung der neueren Gesetzgebungen des In- und Auslandes, insbesondere des Verfahrens bei Schwurgerichten. Für Aerzte und Juristen
bearbeitet. Mit einem Anhange, enthaltend eine kurzgefasste prak-
tische Anleitung zu gerichtlichen Leichenöffnungen. Zweite Auflage.
gr. 8. geh. 2 Thl. 16 Sgr. oder 4 fl. 24 kr.

Warnkönig, Dr. L. A., Juristische Encyclopädie oder organische Dar-
stellung der Rechtswissenschaft mit vorherrschender Rücksicht auf
Deutschland. Zum Gebrauch bei Vorlesungen und zum Selbststu-
dium. gr. 8. geh. 2 Thlr. 24 Sgr. od. 4 fl. 48 kr.

Zeitschrift, deutsche, für die Staatsarzneikunde mit vorzüglicher
Berücksichtigung der Strafrechtspflege in Deutschland und Oesterreich,
herausgeg. von Dr. P. J. Schneider, Dr. J. H. Schürmayer und
Dr. J. J. Knolz, unter Redaction von Dr. Sigm. A. J. Schneider.
Neue Folge IX. u. X. Bd. (4 Hefte.) 8. geh. 4 Thlr. oder 6 fl. 48 kr

Alphabetisches Inhalts- und Namensverzeichniss hiezu über die Jahrgänge 1836 bis incl. 1855. 6 Sgr. oder 20 kr.